PUTEM

SVETLOSTI DUŠE

Nasleđe Svetlosti

Knjiga 1

Ivana Nesco

PUTEM

SVETLOSTI DUŠE

Nasleđe Svetlosti

Nikola Tesla

Naslov originala: Putem Svjetlosti Duše

Copyright ©2024 Ivana Nesco

ISBN 979-8-9902827-4-2

ZAPIS STRUJE I

FORMULA ŽIVLJENJA

LJUBAVI, LEPOTE, DOBROTE,

ZDRAVLJE, MIRA I BOGATSTVA

U društvu Velikih Duša

Visoke Inteligencije

pod vođstvom

Gospodina Nikole Tesle

Prva Faza: Oduzimanje

Prepusti, Pusti, Oslobodi

Zahvala Gospodinu Nikoli Tesli

Veliko poštovanje čoveku visoke inteligencije, koji posvetio svoj je život da osvetlio bi naš spoljni svet, a ujedno zahvala velikoj duši, koja sada jakim i jasnim prisustvom osvetljava naš unutarnji svet. Hvala Gospodinu Nikoli Tesli.

Njegov dar i žar stvaranja novog, boljeg i lepšeg življenja za celo čovečanstvo tu je i živi kroz sve nas koji voljni smo uistinu živeti i život slaviti.

Zahvala

Hvala svim ljudima koji dotakli su moj život pa tako sada naš zajednički talas nosi ovaj dar oko sveta i planeta u beskrajni univerzum i nazad u naručja naša.

Hvala mojim anđelima, najdražem dedu i baki, koji ugradili su u meni jake temelje, a živeći pokazali šta ljubav i dobrota življenja je.

Uvek prvenstveno i najveće Hvala Mami, hvala za dar života i slobodu življenja.
Hvala za tvoju hrabrost, jačinu duše, koju si prenela i podarila meni, i najveće tvoje učenje - da sve je moguće, a ponajviše stvaranje boljeg i lepšeg života. Hvala ti za nasleđe čarolije.

Ivana

SADRŽAJ

O knjizi

Ne, ne možete knjigu samo pročitati i ne, nećete je moći samo čitati, jer reči same nisu važne, ni znanje čak, ni velika ni mala slova, ni tačka, ni novi red. Struja vam je dana.

Dubinu, jačinu, svetlost, širinu, lepotu, dobrotu, bogatstvo, zdravlje, mir, ljubav, to vam dajem. Ne reči, ne slova. Struju.

Nema knjiga ni početak ni kraj. Možda vama sada nema ni smisla, ali ima struju. Da bi vi, koji je prepoznate, dobili tada, kada je vama potrebno i koliko je vama potrebno, dovoljno je samo otvoriti knjigu i čitati. Nevažno je koja je strana i nevažno je da li razumete ili ne i da li vašem umu same reči u ovom trenutku imaju smisla.

Uživajte s knjigom.
Odmarajte s knjigom.
Stvarajte s knjigom.
Živite s knjigom.
Struja vam je dana.

Ove ispisane reči podsetnik su samo, podsetnik prirodnog stanja svakog ljudskog bića.
Ove ispisane reči tu su da se iščitavaju ponovo, ponovo, ponovo i ponovo.

Ove reči stvorene su da bi oblikovale vaše ćelije u novu formu.
Struja, prirodni tok, život koji animira vašu formu ključan je u stvaranju.
Do vas je kako tu struju, taj prirodni životni tok, usmeravate i šta stvarate. Da li stvarate ili razarate?

Ispisane reči u ovoj knjizi vodič su boljem, lepšem i laganijem življenju, pa zato svakome ko stvara bolji, lepši i lakši život, ova knjiga kvalitetan je gradivni materijal i doprinos za stvaranje novog življenja.

Ova knjiga stvorena je žarom žene koja sledila put je duše i srca svoga, vođena idejom lepšeg i boljeg življenja.
Knjiga stvorena je u Skladu Ljubavi, Lepote, Dobrote, Zdravlja, Mira i Bogatstva, uz doprinos dragih ljudi, predivnih duša otvorenog srca i njihove želje da stvaraju bolji i ljepši život.
U Skladu, zajedno smo jači.

Struja visoke frekvencije i jake životne vibracije glavni je izvor ove knjige. Ovaj zapis služi unutrašnjem osvetljenju čovečanstva, nasljeđe je svetlosti i jedinstveni je rad Gospodina Nikole Tesle.

Ova knjiga nije samo za čitanje i iščitavanje, već je sećanje prirodnog načina delovanja i življenja, a ujedno i čišćenje zapisa Malog Uma LJudskog. Ova knjiga za večno je iščitavanje.

Pustite neka struja odnese sve to što vam više ne služi, a svetlost ukaže put, pokaže lepotu, dobrotu i bogatstvo već postojeće i živo u vama.

Čitajte i iščitavajte ovu knjigu ponovo i ponovo, polako, polako. Jedan red, jedan list samo, dovoljan je da vas priseti, jedna reč kao putokaz, da vas usmeri.

Minut jutarnjeg čitanja uz čaj ili kafu, dovoljan je da vaše biće usmeri u lepši dan i bolji život.
Minut večernjeg čitanja dovoljan je duši za lepše, opuštenije stanje i putovanje.

Družite se sa ovom knjigom kao s najboljim prijateljem, jer to ona i jeste.

Ne žurite, ništa novo ili nepoznato nije napisano, ali redosled reči je drugačiji i struja jedinstvena.

Jedinstveno jednostavan je ovo zapis za sve vas koji čujete, osetite i prepoznate ova znanje i ovu struju.
Nije važno da li razumete i da li vam ima smisla, jedino važno je da li vam prija ili ne.
Reči same ne znače ništa. Mogu da vam zvuče naopačke i nepoznato. Neka. A možda vam potpuno svaka reč ima smisla.

Ova knjiga, kao i svaka materija, nosi jedinstveni zapis i struju. Svaka materija nosi informaciju i život. Nema loše i dobro. Uvek se sve na kraju svodi na to da li ovo sada prija ili ne i da li doprinosi boljem i lepšem stanju mog bića. Tako čitajte i iščitavajte ovu knjigu, dušom, srcem i celim svojim bićem.

Na nivou Malog Uma LJudskog, samo je još jedna priča, još jedno čitanje, i još jedna knjiga.
A na nivou duše livanje je svetlosti, ljubavi, lepote, dobrote, zdravlja, mira, bogatstva i blaženstva za lepši i bolji život.

Od autora

Svi smo mi umetnici, svako na svoj način. Svi mi kao jedinstvena bića imamo jedinstveni dar koji je nama darovan da bi nam život obogatio dušom i dao svrhu ljudskom življenju.

Forma smo kroz koju se svetlost preliva i tako stvara taj jedan jedinstveni otisak, ne samo našeg prsta, već pogleda, glasa i postojanja, ne samo ljudskog, već i energetskog stanja.

Svako je biće jedinstvena struktura.

Svako biće, svaki umetnik, na svoj način doživljava život, život koji sam po sebi već, neke vrste, umetnost je.

Umetnik koji bojama na platno prosleđuje njegov dar, daruje nama unikatan, vidljiv otisak i baš taj jedan jedinstveni uvid življenja.

Umetnik, kompozitor predstavi note na svoj jedinstveni način, a mi u dušu dirnuti baš njegovom postavkom nota.

Umetnik: plesač plesom, kuvar jelom, krojač haljinom i odelom, pisac knjigom, nekom pričom, majka dodirom, prijatelj ljubavlju ispunjenim pogledom, osmehom, sve to umetnost je.

Tako i ovaj moj zapis, umetnost je sprovođenja struje u reč, doživljene svetlosti življenja u pisanu reč.

Struja, inteligencija i informacija koja tako snažno i duboko dodiruje moju dušu, osvetljuje moje biće i ulepšava moj život, sada je moj dar vama.

Iluzija vremena

Igramo se.
Život i ljudsko življenje nepoznanica je, čarolija i jedinstveno igralište.

Zamislite da je Život jedna velika, čista, predivna svetlost, ljubavna toplina, blaženost i milina, a mi sva bića, male smo lampice u bezbroj boja, treperimo i igramo se.

I tako tom večnom igrom svetlosti i boja, ponekad zaboravimo da se doživljavanja ljudskog življenja samo igramo.

Pa tako na našem putu i putovanju zvanom ljudsko življenje, pomalo nestašni, a pomalo i nespretni, kao mala deca, postanemo prašnjavi, prljavi i nezgodno muljavi, uvređeni, povređeni i bolesno iscrpljeni.

Sve je to od preozbiljnog života shvatanja, nekog nevažno tvrdog, Malog Uma LJudskog verovanja i duše naše zaborava.

Zato hajde sada zajedno da sećamo se našeg bića SKLADA, celine i jednine postojanja, da lakše prepoznali bi M.U.LJ.-
Mali Um LJudski, koji izgubljen luta,
tražeći duše svoje jedinstvenog puta,
jer ljudi kojima svetlost je slaba,
muku neku uvek muče,
nesvesno sude i kude,
misleći da sude i kude „tamo one neke druge ljude",
Malog Uma LJudskog priče prepričavaju,
a sami sebi neispunjene snove iznova i iznova obećavaju.

Iznenađeni tako i u čudu zatečeni,
kada taj neko drugi ima uspeh novostečeni.
Kada neko uspe i nešto novo stvoreno bude,
bića Malog Uma LJudskog opet smisle neke predrasude.
Isto tako, još sa više pažnje, pričaju i o onom drugom
koji svoj život naizgled bezuspešno preslaže.

Ljudi nisu razigrani ni dovoljno znatiželjni,
svoj jedinstveni život u nepoznato ispratiti.

Življenje brzo, prebrzo i površno.
Svi bi nešto odmah da se desi, od prve.

A ja vas sada kroz svetlost gledanja ponovo prizivam i pitam:
Kuda to žurite?
S kim se borite?
S čim se borite i da li vam borba čemu služi?
Zašto gurate i koga to stvarno gurate?
Šta gurate i zašto?
Da li vam guranje čemu služi?

Niste ni svesni, niste ni prisutni u svome telu, u nekom ste vremenu iluzije.
U vremenu prošlosti i budućnosti, u vremenu ste neke iluzije koja ne postoji.
Niste u vremenu ovog trenutka, ovog bića, ovog tela, ove situacije i ovog stanja.

Naravno, dobro je imati želju, ideju, jedino potrebno imati je želju, ali želja se živi u ovom trenutku, ne u vremenu iluzije budućnosti.

Pitate se sada kako dalje?

Dalje je u ovom trenutku.
Sklad pričam.
Sklad uma, tela i duše.
Pitate sada, a kako dalje?
Tako.
Dalje, za vas dalje, uvek ponajpre Sklad je dalje.

A gde drugde bi vi dalje?

Kada Sklad u čoveku ne postoji, tada struja ne postoji.
Prekinut je mehanizam stvaranja i odmaranja.
Prekinut je mehanizam življenja, življenja koje je samo tu i samo sada.

Pitate se šta i kako dalje?
Samo iz Sklada se može dalje.
Sve što je izvan Sklada, svakako je izgubljeno, propušteno, prazno, ne postoji i nema.

„Iz Sklada sam slušao,
u Skladu sam čuo,
Sklad sam stvarao i živeo.
To vam darujem.
Put kojim sam ja hodao, to vam pokazujem."

Nikola Tesla

Sve ostalo je prazno, lažno i ne postoji -
lažno postojanje bez Sklada.

Samo s puno gibanja ne stigne se nigde, samo je puno gibanja koje čoveku daje lažni osećaj postojanja.
Gibanje koje radite iz neksklada, izvan vas je, izvan toka i izvan bivanja.

23

Primer: Kada vam se nešto desi, nešto takozvano „loše" ljudsko, da li ste se ikada zapitali, vi koji ste doživeli nešto loše, teško, ljudsko, da li je to stvarno teško, strašno ili se to nešto desilo kao blagoslov da vas u Sklad vrati?

Kada se nešto, takozvano loše desi, jedan primer koji je nama svima zajednički vezan je za bol i bolest.

Razbolimo se ili povredimo i možda u početku prihvatamo to kao nešto strašno.
Kada nas Mali Um LJudski ponese tom i takvom putanjom tada zamišljamo čak i još strašnije scenarije.
Putujući tako tim putem, u početku možda samo s mislima straha, ujedno iz dubine našeg bića rađa se i želja za ozdravljenjem i nekim boljim življenjem.

I tako na tom putu i putovanju stvara se plodno tlo za promene iz temelja, rađaju se nove želje, znanja i spoznanja.

Čuli ste sigurno mnogo priča kada se ljudi gotovo sa zahvalnošću sećaju bolesti ili povrede i kako im je ta situacija pomogla da sagledaju život na novi način, promene način življenja, povrate se sebi, svom biću i nečemu što je njima uvek bilo važno i istinito.

I tako sada pričaju o čaroliji življenja i blagoslovu života, jer spoznali su Sklad bivanja.

Isto tako svi mi prošli smo više nego jednom u životu poslovne i privatne situacije, imanja - nemanja, nemanja pa ponovo imanja i možda u tom trenutku, pod velikim strahom uključio se u nama alarm za golo preživljavanje. Iščitavanjem življenja i situacije na takav način poljuljan nam je bio lažni osećaj sigurnosti, jer samo mislili smo da je ta trenutna situacija nešto teško i nešto strašno.

Da bi opet vremenom gledajući unazad rekli, možda samo sebi, nečujno i veoma tiho: „Ovo bio je blagoslov", a nekada vrištali na sav glas svima koji žele da čuju: „Ne bojte se ljudi, već znajte, nešto dobro iz ovoga se sada rađa, biće vaše se oslobađa i u Sklad vraća".

A ponekad, nažalost, odživimo život s nekom pričom i verovanjem da je to nešto što nam se desilo bilo veoma strašno, neka toliko velika promena ili doživljaj nakon kog nismo mogli da nađemo snage za novi put, volje za bolji život, već smo bez žara nastavili samo preživljavati, čekajući penziju, očekujući „smrt", koju već svakako živim takvim stanjem bića i načinom življenja.

Da, svako ljudsko biće u životu doživi neke njemu teške i bolne situacije. To sve deo je ljudskog življenja i nešto što nas sve u srcu spaja.

Da, neke situacije jesu čudno zapakovan blagoslov, a vidimo ga, upoznamo ga tek spoznajući sebe.

Ovde vas pozivam da i u onim situacijama koje vam paraju dušu i lome srce, nađete jedan mali tračak svetlosti, otvorite mali prolaz, koji je i od končića i od igle kroz koju končić prolazi manji.

Da se podsetite da Život, Stvarstvo, Bog, Svetlost, naša Duša, kako god vi to nazivate, tu uvek za nas je, čak i kad ne vidimo i ne znamo, čak i kad se bojimo i kad bolimo.

Pozivam vas sećanju da, na nekom većem planu, sve je dar, čarolija i blagoslov, jer na kraju krajeva, niko ne zna šta će biti sutra, ni iduće godine, ni kada odemo iz ovog tela.

Kada tako sagledamo, lako se vidi da je ovaj trenutak, ovaj dah i ovaj doživljaj, najvredniji i jedini najvažniji.

Da li je „strahovanje i patnja" još uvek vama potrebna ili možete da čujete moje učenje koje kaže: „Sklad ponajpre".

„Volim da živim,
volim da stvaram,
volim društvo ljudi koji žive Sklad."

Nikola Tesla

Sada se sigurno pitate: „Dobro, a ako je Sklad, lepota, dobrota, ljubav, mir jedino važno, a zašto onda sve ostalo postoji?"
Neka.
Zar to stvarno mora da bude tvoja briga zašto sve postoji?
Postoji.
Ti u Sklad, lepotu, ljubav, mir i dobrotu samo gledaj.

Sve postoji. Ti tu si gde sve postoji.
Zato ne želi, ne čekaj, ne moli, ne nadaj se, ne očekuj, ne obećavaj, već Stvori.

Kome se nadaš, čemu se nadaš i na koga čekaš?
Kada i ko je taj ko će ispuniti i zadovoljiti tvoja očekivanja i želje?
Ne postoji „taj neko drugi" kad ljubav, lepota, bogatstvo, mir, zdravlje i dobrota ti već jesi.
Prirodno je to stanje svakog bića.
Zato Sklad budi.

Sklad u tebi prvenstveno. Tek tada doprinos si i za sve ostale;
samo tako se celo čovečanstvo u Sklad pokreće.
Tako se nesklad dovodi u Sklad, tako se prekid struje dovodi u
povezano stanje.

Isprekidane su vam žice,
tečnost osušena i struja slaba,
a time vi, kao lampice, jedva vidljivi.

Čemu vam u takvom stanju služi nada?
U takvom oslabljenom stanju nada ne vredi ništa.

Ljubav, mir, zdravlje i bogatstvo, Sklad je jake struje i velikog
sjaja.

Ne tražite Sklad u neskladu.
Smirite se, odmorite se
i miru se predajte.
Prepustite se,
neka vas reka života nežno ponese,

ispuni i osvetli.

Tek tada iz Sklada, sudelujte,
jer doprinos vašeg dara
celom stvarstvu lepši i bolji život stvara.

Vaš Sklad.
Gde, kada, s kim i sa čim?

Vi koji živite u velikim gradovima, gledate mala sela, gledate u daljinu, mir i tišinu, gde puno mesta je da se diše, priroda.
Vi koji živite u velikim gradovima mislite da želite prirodu, mir i tišinu, ali nije to samo tako istina.

Često samo tražite beg. Beg. Bežite od sebe, od života, od stvarnosti i realnosti.
Gušite se, ali ne od stvarnosti i realnosti već od Malog Uma LJudskog, koji gleda oko sebe, misli da treba, misli da mora to i treba ono i želi ovo i želi ono i mora ovako i ne sme onako.
Od sebe i od svog sopstvenog življenja i doživljavanja vi bežite u neku tamo negde daljinu i lažnu tišinu.

Da, pomoći će vam spoljni mir, tišina i širina.
Da, pomoći će vam, ali ne na način na koji vi mislite.
Izludiće vas pre nego što vas oslobodi.

Vi, koji živite na selu, u spoljnom miru, u tišini, u prirodi, gledate u gradove, u daljinu, želeći nešto više, veće, jače i življe.

Dobro je to, pravilno je to, prirodno je to, ljudsko je, želja je jedina i najbolja pogonska sila za čoveka.

Ali, šta sada kada dođete u veliki grad gde ima svega, gde se može sve, sve što poželite, sve je tu?
Šta sada i kako dalje, i šta je dalje i u kom pravcu?
Izludiće vas pre nego što vas oslobodi.

Isto je, nema razlike u spoljnom svetu, nema razlike u življenju,
razlika jedina u vama je.
Do vas je gde i kada ste u Skladu,
do vas je sa čim i sa kim ste u Skladu.

Nema boljeg, nema lošijeg, nema lepšeg, nema ružnijeg,
pravog ili krivog.
Sa čime ste vi u Skladu, pitanje je važnije.

Da li vas zadovoljava tišina?
Da li vas zadovoljava buka grada i življenje koje ne staje,
koje se ne gasi i koje ne prestaje?

Ima svega, uvek.

Do vas je sa čime ste u Skladu i kada.
Da li sa zimom ili s letom?
Da li s jesenskim lišćem ili prolećnim cvetovima?

Do vas je. Svako mora znati svoj Sklad.
Svako mora znati svoj Sklad; s čime, s kime, kako i kada.

Sve se menja, priroda se menja, talasi dolaze i odlaze, gradovi
rastu, sela se smiruju. Važno je znati s čime i kada ste u Skladu.
Promena u čoveku je jedino i jedino i jedino istinito.
Promena u biću prirode je jedino i jedino i jedino istinito.

Da li se držite na jednom mestu samo zato što se osećate sigurni,
voljeni, komforni ili ste na tom mestu zato što ste u Skladu, u
istom njihanju, u istom disanju i u toku sa životnom strujom?
To samo pratite.
Vaš Sklad.

Ko Si, Kako Si, Zašto Si?

Ljudi često lažu sami sebe.
Kažu: „Nemam" i kažu: „Ne mogu".
Ljudi stvarno lažu i ponižavaju sami sebe kada kažu nemam i ne mogu.

Pogledaj dobro, pogledaj jasno i vidi, da li to istina je, da li to stvarno tvoja istina je. Umiri se, smiri se, pogledaj oko sebe, pogledaj sebe.

Ko si?
Kako si?
Zašto si?

Pogledaj sebe i reci ko si, šta znaš, šta imaš i šta možeš.
Pogledaj oko sebe i reci ko si, kako si i zašto si.

Dobro pogledaj, reci na glas istinu svoju:
Imam.
Jesam.
Znam.
Mogu.

Vera

Kako sada?

Kako sada biti jak, biti pribran, svestan i staložen?

Kako sada živeti i stvarati, u promenama velikim, kada cela ljudska rasa nema mira? Kako sada, kako sada stvarati i živeti?

Sada, ljudi moji dragi, vidljiva je vera.

Vidljiva je istinska vera i isto tako vidljiva je „vera" koja je samo napamet naučena priča.

O kojoj veri pričate?

Da li je vaša vera u Boga, u Stvarstvo, u Svetlost ili u zlo i strah?

Većina vas priča o nekoj veri, o nekom verovanju, o nekoj snazi i jačini.

Da li samo verujete i pričate ili i živite?

To pogledajte.

Vera nije pridružiti se nekom i nečijem mišljenju i verovanju, to sigurno vera nije. Raspoznati šta prava vera je, ponekad vama i nije lako.

Zašto kažem istinska vera je življenje Sklada?

Zato jer istinska vera življenje je, ne propovedanje.

Vera nije briga, strah, razdvajanje, pravdanje i priča prepričavanje.

Prepoznati i prigrliti istinu stvarstva i živeti tu istinu, to vera je.

Svestan stav i jasna slika da celo ljudstvo jedno je biće i da to jedno biće samo je jedna kapljica u beskonačnom okeanu božanskom.

A kako prepoznati ćete da stojite u istini, istini stvarstva i celine?

Prepoznaćete jer u miru, lakoći i nekom unutrašnjem slatkom zadovoljstvu ste.

Jasno je i lagano je, mir u vama je i oko vas. Osećate svako biće i prepoznajete da deo vas je i da jedno ste biće.

Vera stanje je bez straha, vera stanje je molitve bez „pomozi mi“. Vera stanje bića je „Hvala ti“.

Sada, ljudi moji dragi, sada jasno vidi se stanje vašeg bića i vaša „vera“.

Vidi se: „Ko sam, Kako sam i Zašto sam“ u svakom biću, svakom ljudskom biću, u svakoj zajednici, gradu, državi i kontinentu.

Vidi se živa vera, istina, Sklad i stav.
 Isto tako vidi se strah, borba, laž i rat.

Poznaj sebe.

Zov duše

Kada ste se rodili, šta ste znali, šta ste mogli?
Ništa ljudsko niste znali i ništa ljudsko niste mogli, ništa ovog sveta razumeli niste, niste čak još ni „u ljudskom postojali", a blaženstvo, ljubav, mir i Sklad živeli ste.
Kao prskalica u hiljadu boja bili ste.

Kako tada, tako i sada.

Zar ne mislite da postoji neka veća sila, neka veća i jača sila koja vas vodi, čuva, pazi, hrani dok vi rastete i razvijate se i kao odrasli ljudi?
To vera je. Znati.

Vera nije Malog Uma LJudskog propovedanje, mišljenje i neko verovanje, vera svakodnevno življenje je.

Kao mala deca slobodno prepuštena životu, igri, doživljavanju, rastu, razvijanju, tako ste i vi odrasli neke vrste večna deca, slobodno pušteni igri, rastu, razvijanju i svom jedinstvenom života doživljavanju.

Bez potrebe padate na koljena iz nekog straha,
bojite se neimaštine ili bojite se življenja.

Rastite, razvijajte se bez preozbiljnog razmišljanja, živite slobodno kao deca, živite razigrani i veseli, uzbuđeni dočekujući novi dan da svane, u milion boja da plane, veče da dođe, a vaše ćelije sve ispevane, sladak san da vas nežno snađe i ponovo novi dan da u zadovoljstvu vas nađe.

Plešite na kiši, veselite se suncu, smešite se suncu, igrajte se u snegu, šetajte po jesenskom lišću osluškujući njegovu pesmu.

Idite tamo gde vas duša zove,
idite tamo gde vas duša vodi.

Prepustite se, živite iz Sklada i iz duše vaše slada.
Koračajte sa zadovoljstvom
jer samo zadovoljstvom, zadovoljstvo se stvara.

Ne živite u grču, u strahu ili u borbi.
To nije življenje, to beskrajno je mučenje i večno umiranje.

Srcem otvorenim kao ruža, koja miris svoj svima nežno pruža, zakoračite slobodno dalje, a svaki korak neka vam bude lagan, znatiželjan i živahan.

Neka vam svaki korak bude željan, željan skakutati dalje, lepše, bolje, laganije, svežije, znajući da večna ste deca, znajući da življenje večna je igra.

Nema krivca

Bol, bolest, tuga, jad, strah i žalost jednog ljudskog bića pokazuje se i pokazaće se svakako na svakom koraku, u svakoj reči i u svakodnevnom načinu delovanja i življenja.

Lepota, dobrota, ljubav, mir, prijatnost, pažnja, bogatstvo, zdravlje, zadovoljstvo i duše slad pokazuje se i pokazat će se na neki način: kroz život, kroz ljude, kroz rad i prijateljstva.

Ko smo, kako smo i šta živo u nama je pokazaće se i biće vidljivo na neki način: kroz novac, domovanje ili rad, kroz druga, prijatelja i voljenu osobu, mir ili nemir bivanja, kroz decu, roditelje, zdravlje, bol i bolest.

To što u nama živi neminovno pokazaće se kroz ne samo reči, već dela, doživljaje i življenje.

Kada življenje nije tebi prijatno ni lako, nemoj verovati, nikada nemoj verovati da to što živiš i doživljavaš, da to krivica je nekog drugog, pa čak ni tvoja. Nema krivca.

S lakoćom budi, sa zadovoljstvom zbori: „Doživljavam, stvaram, odmaram, put putujem, rastem i živim." Nema krivca.
Ne pokazuj prstom u nikoga i u ništa iz vlastitog nezadovoljstva.

Ti sprovodiš i usmeravaš život koji živa je struja u tebi.
Do tebe je kako preslikavaš svoju jedinstvenu viziju.
Tvoj jedinstveni prikaz pokazuje se kroz razne životne situacije i tebi i svima oko tebe.

Zato ne veruj čak ni onome ko krivi tebe,
svako je svog ljudskog bića gospodar.

Jasno sagledaj, budi svedok samo naravi ljudske, i svoje i tog ko je ispred tebe, budi svedok življenja. Prigrli svako biće i svaki doživljaj kao tebi lično darovan jedinstveni dar.

Jedinstveni put

Kada hodamo putem kojim nas naše srce vodi, kada živimo život dušom vođeni, kada hodamo taj naš jedinstveni put, ponekad kao da jako dugo nema ništa, put izgleda kao da je prazan, a mi se možda osećamo potpuno sami.

Zašto se vraćati?
Samo zato jer nismo naišli još na novi putokaz?
Zašto se vraćati?
Samo zato što ne znamo gde taj put vodi?
Zašto se vraćati?
Samo zato što je neprijatno ili nepoznato?
Zašto se vraćati?
Samo zato što smo sami?

Nemojte se vraćati; sve za vama, sve iza vas poznato je, urađeno, odrađeno, življeno, izrečeno, sve iza vas već življeno je, završeno je, odživljeno je.

Da li je stvarno istina da želite nazad,
da li je to stvarno vaša jaka istina da želite nazad?
Da li je?

Zastanite samo trenutak jedan i pitajte se.

Ako je to vaša prava istina, želeti „nazad" - živeti poznato, vratite se, niste spremni, nije zrelo, nije složno, nije još u Skladu s vama u ovom trenutku.

Nekada želja je jaka, trud velik, čežnja moćna,
čežnja moćna, a moćniji Mali Um LJudski.

Kada niste u Skladu, ne gurajte, ne žurite.
Ne žurite.
Slobodno se vratite, zastanite i odmorite.

Opuštanje u telu, prirodno opuštanje stvara protočnost.
Protočnost daje čoveku više energije, struja se jača.
Jača se struja, jača se i čovek.
Struja struji, svetlost svetli.

Odmor važan je.
Stanka, pauza, važna je isto kao i pokret.
Isto kao što pokret jača čoveka i njegovu struju ista važnost i u predahu je.

Život igra je, ples i dinamika, uistinu samo pričinjena statika.

Kada ljudsko biće kruto je, tvrdo u svom stavu i postojanju,
tada ne samo da življenje teško je, već je ponekad i neizdrživo.

Suptilne energije važno je da se čuju i poštuju,
prirodni su to glasovi tela, prirode, duše i univerzuma.

Kada čovek u Skladu sa svojom dušom je, s prirodom,
elementima univerzuma, tada život lagan i prijatan je.

Znakovi i putokazi

Sve tu je, živ život, sve ti si, sve u tebi je, oko tebe, sve tu je ispred tebe i iza tebe. Okreni se, pokreni se.

Ti uvek u Skladu sa životom si.
Sve sa čime ti u Skladu si, to tu je, za tebe, oko tebe, ispred tebe i iza tebe. Ti to si. Ti taj si. To tu je.

Kada u Skladu si, jasan si, sve što tu je, sve jasno je, i dari i božanske čari, a isto tako i sve izmišljotine Malog Uma LJudskog.
Sve jasno je, vidljivo, čujno i ćutno.
Sve tu je.
Šta i kako biraš da živiš kao jedno ljudsko biće do tebe je.
Slobodna volja svima isto darovana je.

Ima svega, a kada sa dušom svojom u Skladu nisi, tada život doživljavaš kao naporan i oskudan, misliš da ne znaš i da ne može drugačije.

Kada nisi u Skladu sa dušom svojom, tvoje življenje to pokazuje.
Sve su svakako samo putokazi.

Budi svedok, budi svedok življenja.
Sve samo putokazi su tebi.
Čitaj znakove. Gledaj putokaze.
Ne sudi.
Čitaj znakove.
Gledaj putokaze.
Ne bori se, ne beži, samo su putokazi.
Do tebe je u kom pravcu krećeš i šta pokrećeš.
Do tebe je.

Suptilna moć

Prepustite se vodstvu, stvarstvu, božanstvu.
Prepustite se da vas vodi jača i veća sila.

Prepoznati tu prirodnu moć teško samo onima je koji nisu svesni bića svog podražaja, jer struja života, vodstva i stvarstva nežna je, suptilna i lagana.

Nežna je to snaga, nežno jača i od najjače jačine.
Pravedna, jedinstvena i istinita.
Nevidljiva je to struja,
izvor beskonačne snage svakom pojedincu.

Priključite se i dozvolite život da vas vodi,
život stvarstva i velike suptilne moći.

Putem svetlosti

Kada osetiš i prepoznaš težinu, gustu energiju i tamu, kada podražaj u tvom telu tebi daje znak da tvoja ili nekog čoveka, neke situacije, mišljenja, delovanja energija ne prija, okreni se i pokreni se.
S lakoćom okreni se i s lakoćom kreni u drugom smeru.

Nemoj raspravljati, objašnjavati zašto ili želeti biti u pravu.
Ne pomaže rasprava i nema objašnjenja koje oslobađa i koje će te uzdignuti.
Dok u raspravi si i prisustvu lepljive težine i ti lepljiv si, težak, umoran i tmuran.

Nema objašnjenja iz Malog Uma LJudskog koje će da te uzdigne ili očisti, već ćeš se i ti zalepiti i potonuti, uvek.

Okreni se s lakoćom i kreni s lakoćom u novom smeru. Čim osetiš, čim prepoznaš, okreni se smeru svetlosti, zajedništva, ljubavi, lepote, mira i dobrote.

Samo hodaj, ne zaustavljaj se, ne zastaj, ne okreći se.
Hodaj putem svetlosti, mira i dobrote.
Tu tvoj spas je, a tada ti spas svima onima si koji zamuljani u tami su, mišljenjima zalepljeni i Malog Uma LJudskog zabludama zaslepljeni.
Samo tada svetlost si, kada hodaš putem svetlosti.
Samo tada doprinos svetlosti si i onima koji su u tami, jer
Ko si sebi taj si i meni, a kako si meni tako si i sebi.

Tvoja pažnja, tvoj život

Naša pažnja daruje život tome šta gledamo.

Da li pažnjom svojom život lep sadiš i gradiš
ili samo lutalica si i predstavom Malog Uma LJudskog
na kapaljku se hraniš?

Naša pažnja neguje i hrani tačno to i samo to šta mi gledamo, o
čemu mislimo i pričamo.
Naša pažnja kroji i stvara nama naš život.

Ne daj pažnju i ne pridaj pažnju onome što zdravo nije i ne prija,
jer tako hraniš i daješ život onome što zdravo nije i što ne prija.

Naša kruta verovanja, objašnjenja i predrasude, sve su to
zablude. Potrošena i rasipana je takvom pažnjom sva životna
hrana nama dana.

Zato dobro pratite šta hranite, kome i čemu dajete pažnju, život i
svoju energiju.

Ne sudite šta gledate, samo svedočite, budite svedok svetlosti i
tame, ljubavi i straha, lepote, lakoće, tame, težine, tišine, dubine,
bolesti i zdravlja.

Ispunjeno življenje ljudskog je bića koje u svjetlosti mira biva, jer
tada jasna i pažljiva njegove pažnje je direktiva.
Stvaranje i odmaranje jedno postane stanje,
a direktiva svetlost je i ljudskog življenja blagostanje.

Stvaranje kao lek

Stvaranje je življenje.
Život je stvaranje,
stvaranje je življenje.
Kada čovek sa zadovoljstvom stvara - živ je,
sve ostalo smrt je.

Spašen onaj je ko ima znatiželju
i uzbuđenje za stvaranje.
Samo takav čovek spašen je.
Od čega?
Od mučenja, bolovanja i življenja na samrti.

Irelevantno je šta želja je i kakvo stvaranje je,
potpuno je irelevantno.
Važna je znatiželja, uzbuđenje i stvaranje.

Tako čovek cveta,
tako čovek živi, diše, raste, stvara.
Tako se čovek hrani,
ne samo hlebom već životnom energijom.

Kako se reši problem?
Stvaranjem.
Kako se izleči bolest?
Stvaranjem.
Kako se prevaziđe tuga?
Stvaranjem.

Stvaranje lek je.
Inspiracija pesma je duše.
Uzbuđenje ples je duše.

Stvarajte lepši i bolji život sebi, drugima, svima.
Stvarajte bolji svet.

Stvaranje lepšeg, boljeg života i novog sveta je jedini spas celom čovečanstvu.

Stvaranje lepšeg i boljeg sveta izlečiće sve bolove i rane ljudstva, svake nacije, zemlje i cele kreacije.

Jasna slika

Jasna slika ko sam, kako sam i zašto sam.

Jasna slika ko sam, kako sam i zašto sam jedina je važna.
Taj Sklad, kojem kada dodamo najprirodniji začin zvan uzbuđenje, nastane najjednostavniji recept za stvaranje.

Ne gledaj u ljudsko biće ispred sebe ne znajući ko si, kako si i zašto si, jer tako nikada nećeš hodati putem svog života, već ćeš hodati putanju nekog drugog, ljudskog bića, života.

A u tom jednom trenutku, kada iz svog nekog nezadovoljstva zastaneš, misleći da na stranputici si, mahnito tražićeš krivca, ljutiti se ili žalovati, ali tada to više neće biti važno jer prohodao si taj put, odživeo i potrošio tog ljudskog bića godine i životnu energiju.

A kada u Skladu si, tvoje disanje, hodanje i spavanje živo živi tu jasnu sliku, nekada poželjenu, jednom poželjenu. Taj Sklad i taj život, doprinos svakom je ljudskom biću s kojim se rukuješ, izmeniš reč i pogled.

Kada izmeniš reč i pogled sa čovekom koji u Skladu je sa svojom jasnom slikom, čudesa se tada stvaraju.

Ovaj dan je samo danas

Samo jedan je ovaj dan.
Samo jedan je ovaj dan koji sada živiš.
U kakvom društvu si, šta radiš i da li u Skladu si?

Da li vodi te duša ili zavodi Mali Um LJudski?

Kako biraš društvo svoje, da li izgled važan je, titula,
rasa ili nacija?
Da li biraš društvo svoje gledajući površinu ili dubinu?
Ako gledaš površinu, slep si.
Ako tebi vanjština samo važna je, ti ne živiš.

Kada oči bića tvoga zatvorene su, zalepljene ili zamagljene, tada
življenje nije istinito, samo Malog Uma Ljudskog je
preživljavanje. Ljudsko biće tada kao lutka divlja i bez nadzora
beskrajno vrti se u dimenziji Malog Uma LJuskog.

Tu zadovoljstva, lepote i bogatstva nema.
Možda vidiš boje, ali lažne su.
To sivilo mrtvila je i iluzija pravog življenja.

Da li dišeš duboko, široko, opušteno i slobodno?
Ako ne, pitaj se i pogledaj zašto ne.
Zašto ne udišeš život duboko i široko, ako u lepoti, dobroti,
zadovoljstvu i bogatstvu si?
Da li si?

Da li stvarno čuješ zvukove i život koji okružuje te
ili čuješ samo misli koje teraju i varaju te?

Pojednostavi još, opusti se još, življenje lagano je, kao što priroda lagana je.

Priroda divan prijatelj, učitelj i doktor je.

Prošetaj, zastani, pogledaj u oblak, u drveće, cveće, krošnje, lišće kako se njiše i kako diše.

Udahni, duboko i široko, oslobodi se misli, svestan budi daha i trenutka trena.

Mali Um LJudski ili Um Duše

Nema objašnjenja života Malim Umom LJudskim samo.
Šta to znači „Malim Umom LJudskim" samo?
M.U.LJ ne kupa se u svetlosti, ne daruje duše svoje čar
i ne prikazuje ljudskog bića jedinstveni dar.

Mali Um LJudski vrti samo i ponavlja već sve izgovoreno,
ponavlja već sve iživljeno.
Pun straha je, mali, ušuškan, skriven pred lepotom življenja i
stvaranja.

Nema objašnjenja, nema ozdravljenja, nema čak ni rešenja kada
ljudsko biće rob je Malom Umu LJudskom.
Ne ulazite u raspravu, pomaganje ili savetovanje čoveku koji ima
dilemu, scenu ili situaciju, a kruto jak u svom stavu je.
To uzaludno trošenje reči, vremena i života je.
Život nije učenje već je istraživanje i doživljaja življenje.

Šta istražujemo? Šta to dublje i sjajnije je?
Ni to ne treba objašnjenja, jer oni koji znaju i vjeruju da svega
ima i da sve postoji, oni znaju, žive i doživljavaju život dublje i
sjajnije.

Mali Um LJudski krut je u doživljavanju i ne želi da vidi ništa što
njemu nije poznato, i zato kaže: „Ne znam i ne verujem dok ne
vidim."

Sve to ljudsko je. Ne sudite, budite svedoci. Svedoci predstava,
igrača, projekcija, scenarija, raznih uloga i velikih glumaca, jer sve
to što gledate i kako gledate svakako nije jedina prava istina.
Jedinstvenu istinu doživljava i doprinosi svako tko živi u Skladu
svetlosti ljudskog bića.

U nepoznato

A kuda ćete nego u takozvano vama nepoznato?
A gde drugde nego u nove ideje i doživljaje?
Kako drugačije kada stvarate novi, lepši i bolji život?

Primetite cvet, zastanite pred vevericom u parku, zastanite i bez
razloga, a onda, skrenite i pođite u pravcu gde nikada pre niste
bili.

Pitate se možda zašto, a ja vas pitam: „A zašto ne?"

Čemu onda sve ovo, ova kreacija, ova zanimacija i ova
partikularna animacija?
Čemu disanje i mirisanje, osmeh i tuga, sunce, kiša i duga,
stanovi, gradovi, brežuljci, mora i planine? Čemu onda sve to?

To tu za vas je.
Beskrajna kreacija, jedinstvena, stvorena da stvara,
stvorena od zrna, rođena od čara.

Putovanjem putevima, nepoznato novim putevima, novi život se
stvara. Vašim novim, uvek ljepšim, uvek boljim stanjem bića
nova se života stvara priča.

Tako uzdiže ljudstvo se iz tuge, patnje i bola.
Samo tako, ujedinjujući i susrećući se u ljepšem i boljem.

Vaše bivanje i vaše snivanje veličanstvena snaga je mila,
kao što veličanstvena stvarstva je sila.

Rat, borba

Šta rat je?

Mnogo vrsta je rata.

Zabluda je kada ljudi gledaju samo u oružje, bombe, puške i pištolje i misle da to rat je.

To samo jedan prikaz je.

Rat pokazuje se u mnogo varijacija i oblika.

Kada čovek krene na čoveka, bori se protiv nečijeg mišljenja, načina življenja, verovanja, postojanja, delovanja; zar nije i to rat?

Svađa. Zar nije i to rat?

Ratuje se, da, previše, svakodnevno, na previše načina: muž protiv žene, brat protiv brata, sestre, sused protiv suseda, selo, grad, država, protiv.

Opet, pokazujem vam kako u zabludi ste kada borite se protiv i ratujete s nekim ili nečim.

Rat u vama je.

U vama je.

Vi ratujete umesto da stvarate.

Vi ratujete umjesto da živite i da volite.

I tako život prođe mnogima u ovoj ili onoj vrsti ratovanja.

I tako život prođe.

Ljudi umorni, pretučeni, noseći žalost i bol, posledice, ne samo fizički ili mentalno, već mnogo šire i dublje, u borbi protiv nečeg ili u borbi za nešto.

Zamislite Dar i Čar jednog Života i lepote življenja, utučen i izgubljen.

Borba protiv nečeg ili borba za nešto, da svet promenio bi se na bolje.

Da li čujete kako zvuči naopačke i nemoguće?

Ujedinjenje i način življenja

Nema žaljenja, jadanja, opravdanja i objašnjenja koje će vam pomoći do novog, boljeg i lepšeg življenja. Nema krivca.
Nema opravdanja i nema objašnjenja koje će vas dovesti do zdravlja i bogatstva.

Grešite, u krivom pravcu gledate:
novi, bolji i lepši život do vas je.
Vi ste ti koji svoj put koračate i sebi putovanje stvarate.
Lepši život u vama je, vi ste ti koji ga stvarate i doživljavate.

Ništa propušteno nije, ne žalite.
Živite bez krivnje i gledanja unazad.
Ne tražite zdravlje i bogatstvo od nekog drugog, u vama je.
U vama sva snaga je, moć; zdravlje i bogatstvo prirodno je naše stanje.

Ni zdravlje ni bolest nije statično stanje.
Dinamično je i zato dolazi do bolesti, ali i do zdravlja.
Koliko slušate svoje telo i koliko ste u Skladu?

Ne postoji dijeta, jedan način ishrane za sve ljude.
Ne postoji ni spavanje, rad, delovanje samo jedne vrste.
Jedinstvena smo bića, jedinstveno je življenje, jedinstveno je svako telo.

Spoznajte sebe.

Kada promenite stanje svog bića, sliku, postavku, način življenja, gledanja i slušanja, u istom trenu promenili ste doživljaje i sam život.

Sila stvaranja

A šta onda znači „zajedno smo jači", ako je bogatstvo, ljubav, zdravlje, lepota, dobrota i mir u nama, u nama samima?
Čemu onda služi lekar, učitelj, pekar, električar, slikar, prijatelj?

Zajedno smo jači u svakom pogledu, a uistinu zajedno smo jači samo kada svako stoji u svom Skladu.
Kada svako svoj dar sa zadovoljstvom daruje, tada doprinos je i svetlost stvara.

Kada se čovek, koji u Skladu je, budi, tada takav čovek jedva dočeka jutro, dan da svane, da bi mogao da stvara i prenosi to svoje zadovoljstvo. Kada čovek u takvom stanju bivanja i življenja je, tada nestašluci, mali svakodnevni nestašluci, pa čak i velike životne poteškoće, laganije i lakše se prevaziđu.
Tada svaki teret postaje nekako lakši, i odleprša, a nova vrata se pootvaraju. Putevi vidljivi, kao da su već stvoreni, sve tu je, sve već postoji.

O čemu pričamo?
O Skladu i jačini duha.

To nam je ne samo spasitelj i hranitelj, već sila i moć, svima ista dana. Stvarna životna struja s kojom, kada svesno koračate kroz život, sve što ste ikada poželeli, već tu je, stvoreno.

Jedno smo bezvremensko biće

Neki od vas neumorno objašnjavaju da je takozvano vreme vremenom ubrzano. Nije vreme ubrzano, već je struja jača, a time tok i valovanje brže. Prirodno je to stanje univerzuma.

Jača struja i brži tok nekim ljudima izgleda kao da vreme leti.
Vreme leti samo onima koji kruto drže stare postavke, putujući i živeći jednom nogom na gasu, a istovremeno drugom na kočnici.
Ljudima koji nisu svesni, prisutni, otvoreni, željni, voljni, njima vreme leti.
Žive pod uporom, s otporom i naporom konstantno ponavljajući iste priče i isto življenje i takvim načinom sami sebi stvaraju trenje, frustraciju, nervozu i osećaj da ništa ne stižu.

Ljudima kojima struja jaka je, koji u Skladu su sa celinom, njima vreme kao da ne postoji, jer jedno su sa strujom, energijom planete zemlje i celog univerzuma.
Oni u Skladu su, željni, voljni, stvaraju novi, lepši i bolji život.
Svaki korak, svaki pokret, već to življenje je. Sklad jaka je stvar.

Takav čovek ne žali za izgubljenim vremenom i nikada neće da žali jer za njega ništa nije izgubljeno. Ispunio mnogo je želja, sebi, drugima i čovečanstvu.
Živeo bogatstvo je života.

Ovde ne pričam samo o materijalnom bogatstvu, jer bogatstvo života nije samo materijalno bogatstvo.
Bogatstvo celina je, življenje života.
Materijalno bogatstvo deo celine je.

Istinsko bogatstvo života je življenje, duše igranje, ljudskog bića doživljavanje, stvaranje, druženje, istraživanje, zahvalnost i ispunjenost svakog dana, svakog trenutka, svakog pokreta i daha.

Kao što ništa nije ni loše ni dobro, tako ništa nije ni brzo ni sporo, ne postoji gore i dole, više i niže, pre ili kasnije.
Jedno smo.
Sada.
Jedan smo život, jedna kreacija, jedna nacija, jedno postojanje, jedan korak, jedan dah, jedno biće.

Kada u Skladu si, vreme ne postoji.
Kada ti se negde žuri, kada žuriš ili kada čekaš i očekuješ, tada nisi u Skladu.

Kada u Skladu si „ne trebaš" da žuriš,
kada u Skladu si, tada ne čekaš,
tada „ne moraš" da budeš strpljiv.

U Skladu si.
To je.
Tu si.
Sada to je i sada tako je.
Idući pokret u idućem trenutku je ili nije.

Tvoja žurba, guranje, čekanje ili strpljenje ništa ne menja.
Tu si i život je.
Pričam o postojanju, pravom postojanju duše, tela i uma, a ne samo uma.
Pričam o postojanju, pravom postojanju, duše, tela, uma, stvarstva. Postojanju kao celine.

Kada rascepite se, telo tu je, a mislima negde drugde ste, tada nesretni ste, nezadovoljni i možda nervozni.

Čemu, da li to čemu služi?

Ako služi - dobro je, a ako ne služi sve pusti, popusti, opusti i u potpunosti tu gde jesi budi.

Slabost ili bolest?

Šta je slabost, šta je bolest?

Slabost ili bolest posledica je iskrivljene slike i ponavljajuće radnje osnovane na Malog Uma LJudskog percepciji, posledica gledanja života kroz nesklad i kroz mali, mnogo premali objektiv. Ta mnogo premala slika stvori način delovanja i življenja koji boli, iscrpljuje biće i nanosi štetu.

Kao da vozite automobil sa zamagljenim staklima i imate limitiranu vidljivost, gledate samo kroz jednu malu rupicu na prednjem staklu, ne videvši ni celu cestu, a ni okolinu. Zamagljenošću svih stakala ni vidljivost kroz bočna ogledala nije vam dostupna, pa tako vozeći i menjajući trake nanosite štetu i svom automobilu i svakom drugom vozilu.

Vi to nazivate zavisnosti, slabosti ili bolesti.

Nisu to „vaše" zavisnosti, nisu to ni „vaše" bolesti, već takvim gledanjem postaju ponavljajuća delovanja i posledično postanu „vaše" slabosti.

Do nas je kako čistimo i negujemo naša vozila - naše telo i naš um.

Upoznajte sebe i videti ćete da „to" nije tko vi ste.

Imate slobodu u volju, uvek, uvek i uvek, živeti u Skladu sa svojom unutarnjom slikom.

Slabost, bol i bolest posledica su načina življenja, posljedica su zamagljene slike jedinstvenog bića, posljedica su usvojenog konstrukta Malog Uma LJudskog.

Slabost vodi u nezadovoljstvo i propast.

Ne sudi, prepoznaj i prihvati.

Primer: kada stepenica trula je, oslabljena ili slaba, posledično, jednog dana slomiće se.

Ne sudimo stepenicu, služi dok služi, već samo sagledamo stanje i kažemo: „Popravak potreban je. Kako može bolje? Možda nova daska i neko ojačanje."

Zašto?

Ako se ne popravi ta jedna stepenica, ta jedna daska trula, kada popusti i propadne, noga će da se povredi. Ta noga, tog bića povreda, dotaknuće i zaboleti i dalje, možda njegovu porodicu, decu, njegov rad, bivanje, život. Tako to ide.

Bilo koji pokret, pokret je celog univerzuma.
Svaki pokret talas je, talas koji dotakne i najdalju obalu.

Zato su slabosti važne da se pogledaju, da se sagledaju, saslušaju, prepoznaju i poprave, jer jednog bića slabost jedan talas je, koji dotaknuće svakog pojedinca i od pojedinca do pojedinca, celinu stvarstva.

Ako misliš da nisi važan, varaš se.
Važan si, Talas si.

Sagledaj i svoje življenje pogledaj.
Da li talas je stvaranja ili talas je razaranja?

Jednostavnost življenja

Biti pozitivan ili negativan, ni jedno ni drugo nije istina.
Gluma je.
Potreba Malog Uma LJudskog je za pažnjom.
„Pozitivan – Negativan" neprirodno stanje bića je.
Tako je, kako je.
Ne želeti videti, čuti ili prihvatiti ne menja šta JE.
Biti pozitivan kada žalostan si, šta to znači?
To nasilje nad istinskim stanjem bića je.
Biti ozbiljan kada veselo uzbuđen si, pa isto tako.

Kada nešto nije tako kako bi mi želeli, tada Mali Um LJudski nađe načina da preokrene sliku. Uveličava sa pozitivom ili brani se sa negativom, a sve to samo zato jer ne prihvata to što je i kako je.

Kada se ne gleda i ne pridaje važnost samo spoljnom, površno - površinskom življenju, tada sve lako se i jasno vidi; vidi se i dar i čar i blagoslov svake situacije i svakog bića koje na našem putu je - tu za nas, s nama. Sve tu je da nama pokazalo bi kako dalje.

Jednostavnost življenja znači prigrliti život, sve tačno tako kako je, a tada i tek tada taj dah i taj korak putovanje svetlosti je.

Uzbuđenje

Šta uzbuđuje te, šta škaklja te, šta život u tebi budi?

Da li to grad je, buka, muzika, brzina, kretanje, neprestano
kretanje? Da li to život u tebi budi?
Ili život u tebi budi se u tišini, u mirovanju, u samoći i daleko od
svega?

Da li ponekad osećaš se više živ
u gradu velikom,
a ponekad daleko, daleko
u selu malom?

Da li jedno je, da li drugo je
ili jedno i drugo je?
Ili ponekad ovo je, a ponekad ono je.

Ni jedno ni drugo, niti bolje je niti lošije je.
I jedno i drugo i treće, i petnaesto i peto, i sedmo i šesto,
bilo koja opcija ni loša ni dobra je.

Do tebe je da čuješ svoj unutrašnji glas,
da čuješ šta u ovom trenutku potrebno ti je za Sklad,
da li gibanje ili mirovanje,
da li stvaranje ili odmaranje,
da li muzika koja uspavljuje te
ili muzika koja tutnji i tera svaku tvoju ćeliju u akciju.
Šta to je što tvoje biće pokreće,
pali vatru u tvom srcu i telu
i životu daje život?

Što čovek više otvoren je, opušten, razigran i lagan, sve lakše je, jer ne gleda, ne upoređuje i ne sudi ništa spoljno, ne prilagođava svoju jedinstvenost i istinu ničem spoljnom.

Lagan i jednostavan čovek zna kada i gde mesto mu je i Sklad.

Sve ostalo: „trebati", „morati", „ne smeti" svakako je nešto izmišljeno i tuđe.

Prisvojeno mišljene prazno je, nije istinski dodirnuto svetlošću duše tvog jedinstvenog ljudskog bića.
Zato brižno prati šta biće tvoje osvetljava, ispunjava i raduje.

Želja življena

Samo reči ponavljati, želje zamišljati i propovedati, nije dovoljno da stvorila bi se i živela realnost i stvarnost te želje poželjene.

Samo reči dovoljne nisu da želja bila bi ostvarena, jer samo ponavljanje nekih reči napamet, reči koje ponekad mogu da budu potpuno prazne, takozvane afirmacije i molitve, dovoljno nije.

Da želja bila bi ispunjena i ostvarena, da čovek zaživeo bi svoju želju, potrebna jasna je slika, naboj, potpuno doživljavanje, delovanje i življenje te želje već ispunjene.

Jasna slika temelj je.

Čovek, kada sebe jasno vidi u želji ispunjenoj i kada doživljava sebe u tom životu življenom, tada to i stvori u svojoj realnosti i stvarnosti.

Kada mu novozaželjena želja postane dom, novo prirodno stanje prvenstveno u njemu, tada se život oko njega pokrene sa njim, prateći njegov Sklad.

Način življenja, ljude, situacije, doživljaje, događaje i scene koje mi gledamo i u svom biću zamišljamo, tačno to ostvarujemo, živimo i stvaramo. Sav život prati naš Sklad, našu unutrašnju sliku i bića našeg stanja.

Za neke ljude ovo teško je prihvatljivo, posebno kada se nalaze u neprijatnoj situaciji.

Ne pričamo ovde o krivcu i ne sudimo, već spoznajemo da animacija i zanimacija ovog sveta i vidljive materije osnovana je na, mnogim ljudima, nevidljivom mehanizmu.

Naša pažnja vodi nevidljivu supstancu u formu.

Struja - energija - život - duša i privlačnost - magnetizam, iako mnogima nevidljive, istinski su postojeće, žive sile.

Zato pozivam vas da s velikom pažnjom oblikujete energiju kao da oblikujete glinu.

Tvoj jedinstveni ritam

Nema prebrzo ili presporo.
Šta prebrzo ili presporo znači?
Znači da gledaš van sebe i upoređuješ se s nekim ili nečim.
Čim osetiš tako nešto, udahni i izdahni, poravnaj u Sklad se.
Dah važan je.
Dah jedini najvažniji je.
Tu Sklad ti je.

Kada svako je svoja kombinacija boja i jedinstveni ritam,
i kada svako svojim putem sa zadovoljstvom putuje,
tada i Sklad celine najskladniji je.

Tada i tako stvaramo predivnu veliku sliku.
Ako svi komadići slagalice isti su, kakva će nam slika biti?
Ako nam je svima životni ritam isti, kakav dosadan života ples će
to biti?

Što više melodija i boja, formi i razigranosti, to lepša i živahnija
će zajednička slika biti.

Nije istina da moramo svi isti biti.
I nije ni istina da moramo svi drugačiji biti,
jer nismo ni isti, ni drugačiji.
Jedinstveni smo.

Svesno i odlučno koračajte svoj put

Da li su ljudi koji imaju novac hladni?
Nisu, a mogu da budu.
Da li su ljudi koji nemaju novac dobri ljudi?
Nisu, ali mogu da budu.
Da li su ljudi koji imaju novac dobri ljudi?
Jesu, ne svi i ne mora da znači.
Da li su ljudi koji nemaju novac dobri ljudi?
Jesu, nisu, može i ne treba da znači.

Šta znači dobri ili loši ljudi?
Čovek je kakav je.
Imao novac ili nemao, bio oženjen ili ne, s decom, bez dece, čovek je takav kakav je. Veliki je to sud, teške i neistinite predrasude, suluda mišljenja i verovanja, a ponajviše veliki teret za ljudsko biće.

Da li je čovek koji voli saditi cveće, slušati muziku, baviti se sportom, haljine šiti, svakodnevno družiti ili u samoći bivati, dobar ili loš?
Otarasite se misli dobar ili loš čovek.
Čovek je kakav je.

U dela gledamo i kažemo, ovo dobro je delo, a čak ni delo ne priča o čoveku da li je dobar ili loš, samo delo je takvo kakvo je.
Oduzimajte, oduzimajte i oduzimajte te silne nalepnice, mišljenja, verovanja, titule, predrasude, objašnjavanja i prigovaranja.
Zatvorite ta vrata, sebi prvenstveno.

Stvarajte, stvarajte nešto lepo. Izađite u susret nekome, podružite se, podržite se, popričajte, ulepšajte nekome dan uživajući u svom danu.

Šta dobro je i šta loše je i sve ostalo, sav ostali teret i svu prljavštinu koji se stavlja na ljude i na čovečanstvo, pustite. Dosta je. Vreme je da se stane, jer ne vodi to nigde.

Vodi, naravno da vodi negde, ali ne u lepši i bolji život svakog pojedinca i čovečanstva.
Preokrenite svu tu zabludu, strah i mržnju, preokrenite, zatvorite ta vrata zauvek, u sebi prvo, okrenite se u novom pravcu i stvarajte.

Družite se, opustite se i srce svoje otvorite.
Odmorite se, podružite se i onda ponovo stvarajte, s lakoćom i sa zadovoljstvom.

Pratite svoj jedinstveni put svetlosti.
Hodajući putem svetlosti imaćete snagu, energiju i zdravu volju, koračati ćete lakše, brže i veselije, jer put svetlosti laganiji, zanimljiviji, lepši i bolji je.

Ne brinite ako odmah ne vidite rezultate kakve ste si zamislili, znajte da struja uvek tu je, napaja i hrani vas i vaše misli.
Zato važno je da svesno gledate, imate jasan cilj i jasnu sliku, jer to što gledate - napaja se.
To što gledate, tome dajete život, to o čemu pričate i razmišljate, to čemu dajete pažnju, dajete i život. Što više budite svesni toga.

Zahvalite se stvarstvu, sebi i biću koje ispred vas je. Zahvalite se.
Nije važno čemu zahvala je, važno je da zahvalni ste, jer izvor svega u vama je - izvor svega.

Nastavite gledati jasnu sliku i samo jasnu sliku.

Kada živite oslobođeni od spoljnog valovanja,
kada dešavanja oko vas više ne ljuljaju vaše stanje,
tada patnja staje.

Stanje vašeg bića, do vas je.
Vaša stvarnost i vaša realnost, to vaše stvarsto je.
Znajte uvek ko ste, kako ste i zašto ste.
Živite jasnu sliku i to je to.

To vaš je život. Jedinstveni. Jedan jedinstveni. Živite ga.

Novac je kao cveće

Novac je kao cveće, novac je kao cveće.
Novac je kao cveće, novac je kao cveće.
Novac je cveće, novac je cveće,
ovo formula je materijalnog dobra i stvaralačke sreće.

Znam da nekima od vas ove reči, ova postavka nema smisla.
Nekima od vas zvuči čista istina, poznato, jasno i jednostavno.
Novac je kao cveće, novac je kao cveće, novac je kao cveće,
novac je list papira.

Ako vam ovo sada nije jasno, to je jako dobro jer oduzimamo,
oduzimamo, oduzimamo, oduzimamo da bi mogli dodavati.
Šta oduzimamo?

Mentalne forme, verovanja, naboj do novca koji ne služi više,
koji zdrav nije, koji ne služi i ne samo da ne služi nego doprinosi
„nemanju".
A to „nemanje" proizlazi i posledica je naboja i verovanja,
rezultat teških je i zastarelih mentalnih formi.
Ako i kada nešto zdravo nije i ne služi više, tada prvo
oduzimamo, oduzimamo, oduzimamo, da bi mogli dodavati.

Nova postavka: novac je kao cveće, novac je kao cveće, novac je
cveće, novac je list papira, ptica, oblak i zalazak sunca.

Važno je da kada nešto želimo da živimo, osećaj toga
doživljavanja daruje prijatnost našem biću.

Novac je kao cveće, novac je kao cveće, novac je kao cveće,
novac je čist list papira koji poziva na pisanje, ptica u letu, jastuk

mirišljavo mekan, miris sveže kuhane kafe u rano jutro, gutljaj hladne vode na vruć dan.

Nisu samo danas takva vremena, uvek bila su „neka vremena" i uvek biti će.

Uvek bilo je svega i uvek biti će svega: patnje, bolesti, bolovanja i boli, žalosti, tugovanja, nemanja, ali isto tako i zdravlja, lepote, dobrote, ljubavi, mira i imanja.

Imati i živeti. Kako sada, kako imati?

Tako: ljubav je kao cveće, zdravlje je kao cveće, novac je kao cveće. Saditi, gajiti, graditi, raditi, putovati, družiti se, stvarati, prijatno je i lepo kao cveće.

Zdravlje je kao cveće, kao cveće, kao list papira, kao mali beli oblak na vetru, kao predivan zalazak sunca jarkih boja.

To novi zapis je, formula i novo znanje, to srž stvaranja je i života življenja.

Ne borba, ne otpor, ne osuđivanje, ne prokletstvo, ne ogovaranje, ne prigovaranje i definitivno ne svako za sebe - ne takvo stvaranje; već lepota, dobrota, ljubav, zajedništvo i zadovoljstvo stvaranje.

Kako imati? Tako.

Disati, hodati, kretati se i živeti u Sklada stanju bića.

Svaki dah, svaki korak, svaki dan osluškujući vodstvo stvarstva i uvek nastaviti hodati s lakoćom.

Na tom putu naravno da biti će svega, zato što sve postoji, a ti uvek u Skladu stojiš.

Ne pridajte pažnju već zatvarajte vrata svemu onome što ne podupire i što nije doprinos lepšem i boljem življenju, zatvarajte vrata crnim mislima, strahu, borbi i osuđivanju.

Kada naiđu takve misli, samo budite svedok. Dođu, prođu.
Samo talasi su. Samo oblaci u prolazu su.

Možda žustro zatvorite vrata, možda se samo lagano okrenete i pođete u novom smeru jer znate da vas duša vodi, znate ko ste, kako ste i zašto ste.
U izazovnim ili vama teškim trenucima, samo pomislite i kažite sebi: „Oh, ova misao meni sada ne prija, puštam je da prođe i idem dalje birajući novu, ljepšu, prijatniju misao."
Nije potrebna ni borba protiv takvih misli, ni objašnjenje, ni sebi ni drugima.
Samo jedan je trenutka tren svedočenja u prolazu.
Novac je cveće, novac je cveće, novac je list papira
koji doprinos je dobrote, lakoće, zajedništva, lepote i mira.

Sa zadovoljstvom stvarajte

Stvaram. Stvaram.
Sprovodim struju, vodim čestice u formu, Stvaram.

I tako stvaram brojeve, pet brojeva, petnaest brojeva, dvadeset
pet brojeva, dvesta pedeset brojeva, sto pedeset brojeva, dve
hiljade petsto brojeva, pet hiljada sedamsto brojeva.
Tako naziva se igračka i igra čovečanstva ovog vremena.

Stvaramo, sprovodimo struju u reči, u slova, u brojeve, u forme i
tako izmenjujemo brojeve, forme, slova, izmenjujemo,
izmenjujemo, stvaramo, stvaramo, izmenjujemo.

Neko reči za brojeve,
neko brojeve za reči,
neko brojeve za papir,
neko papir za reči,
neko reči za papir,
tako to lagano je.

Maknite „novac" reč,
maknite „ljubav" reč,
sve to postavke Malog Uma LJudskog su,
težine, provalije, traume, kočnice.

Pustite sve to,
slobodno dišite,
hodajte, živite i
sa zadovoljstvom stvarajte.

Stvarajte strujom, elementima stvarajte formu.
Kakva sreća i zadovoljstvo, živeti i stvarati.

Zato maknuta je i menjana forma novca, zato nova forma.
Nova forma, nova postavka, novi oblik jer stara postavka postala teška je.
Novac sećanja nosi, novac ispunjen mišljenjima i verovanjem je - Mali Um LJudski dao mu je težinu, neprijatna sećanja, i previše različitih verovanja.

Zato nova postavka, zato brojevi samo, jer papiru Mali Um LJudski dao je težinu koja nije istina, a ta težina koči, i ne samo da koči, već potapa ideje i lakoću stvaranja, guši inspiraciju i slobodu bivanja i življenja.

Lepota života

Novac je kao cveće,
list papira i drveće.

Zavoleti celu kreaciju,
voleti svaku naciju,
šumu, vetar, plavu pticu,
princa i lutalicu.

Zavoleti prosjaka,
kao i malog đaka,
policajca i noćnu damu,
svetlost i tamu.

Ko šta na glavi nosi,
sa čime se ponosi?
Kakve zvukove daje
i za čime se kaje?
Čemu se smeši,
gde i kako greši?
Kada se njiše
i kako diše?

Jedna kreacija,
jedna nacija,
jedno svetlo i tama.

Čemu daješ važnost,
kome daješ snažnost?
Ko vlada,
a ko strada
i da li?

Da li je to što ti vidiš i gledaš
i to čemu se ne daš
i to čemu se predaš,
da li je stvarna istina
ili iluzija nevažna?

Samo živi
i životu se divi,
što više i jače možeš.

Predaj se.
Ne daj se.
Živi lepotu, dobrotu, ljubav, mir i bogatstvo.

Prati zov duše svoje
tu ljubav je, lepota i bogatstvo sve tvoje.

Jedno stvarstvo

Kada jača se snaga tela samo, a ne i uma, to biće ne razvija se.
Kada jača se snaga uma samo, a ne i tela, to biće ne cveta.
Kada duša nije ispoštovana, tada čovek uistinu ne živi.

Običnim ljudskim očima izgleda kao da stvari nisu povezane, ne samo u jednom biću, već i oko njega – a to istina nije.
Sve jedno je: jedno biće, jedan dah, jedna struja, jedno telo, jedno stvarstvo.

Što više sve gledate kao celinu, kao deo vas ili vi deo svega, mnogo lakše biti će vam živeti, mnogo lakše i lepše.
Dobrobit vama, dobrobit svima.

Kada nešto gurate od sebe tada razdvajate se, gurate od sebe i razdvajate se od sebe, od stvarstva, od života i od celog postojanja.
Nemojte gledati sebe, svet oko sebe i stvarstvo samo ljudskim očima, već gledajte očima duše; gledajte dublje, šire, jasnije i svesnije.
Jedno je Postojanje.

Pažnja

Pričate o svesti, o širenju i razvijanju svesti. Svest JE. Postoji.
Energija, materija, struja, život, stvarstvo - Postoji.

Sebe pratite, a ne „tamo" nekoga ili nešto.
Da li ste vi svesni bića svog postojanja, života?

Važno pitanje je u šta sprovodimo struju i šta to mi u stvari hranimo, negujemo, širimo, jačamo, razvijamo, doživljavamo i živimo; to važno je, šta jačamo, šta svetlimo i osvetljavamo, čemu pridajemo pažnju, jačinu i važnost.

Jaka struja bez jasne slike igra vatrom je.
Znajući čemu dajemo pažnju, važnost, snažnost - životnu energiju - struju, svakog pojedinca najveća je dužnost.
Pojasni svoju sliku prvenstveno.

Znati ko smo, kako smo i zašto smo, to naša je, ljudskog bića, zadaća i svrha.

Živeti, disati, hodati, spavati, raditi, družiti se, zadovoljavati sebe i druge, sve to iz jasnog stanja, to znači jasna slika; sve životne aktivnosti živeti iz jasnog stanja.
Da li je to stanje Sklada ili je to stanje Malog Uma LJudskog?
To važno pojasniti je, tu sliku ponajpre.

Kada dajemo struju, energiju i pažnju duši, lepoti, dobroti, zajedništvu, bogatstvu, ljubavi, miru, zdravlju, zadovoljstvu, darivanju, posluživanju i zahvalni smo već postojanju samom, tada pojačavamo postojanje svetlosti duše i takvog življenja.

Kada pridajemo pažnju strahu, borbi, otporu, neznanju, bolesti, nezadovoljstvu, takozvanoj igri Malog Uma LJudskog - jačamo to.

U M.U.LJ-u prljamo i blatimo se, tonemo u tami živog peska, za dah i goli život borimo se, u crnoj rupi bez dna gubimo predivne trenutke najvećeg bogatstva, a to dar života i ljudskog življenja je.

Svesno življenje i jasna slika formula za lagodan i prijatan život je, stoga stanje bića svoga uvek pratite, misao svoju s pažnjom ispratite.

Ljudsko biće uistinu živi samo kada ima jasnu sliku i kada staloženo hoda prateći svoju liniju života.
Stabilan čovek osluškuje glas duše, koja uvek osvetli i njemu najnepoznatiji životni put.

Da bilo šta ostvarilo bi se u životu, ljudskom biću potreban je naboj, pogon, snaga, energija i struja, koja tu za sve nas je, uvek.

Kada struja jaka je, a pažnja rastresena na sve strane, žurba i borba Malog Uma LJudskog uključena, tada ispunjenje i ostvarenje bilo čega drugog, željenog, gotovo nemoguće je.

Kada struja slaba je i pažnja uspavana, tada stvaranje gotovo nemoguće je.

A kada u Skladu ljudsko biće postoji i živi,
tada sa zadovoljstvom stvara,
a svaki korak žarko velikog je slada.

Univerzalni Jezik

Univerzalna Inteligencija - Univerzalni Jezik,
jedan jedini zajednički jezik, dostupan svima je.
Kada čovek u Skladu je, komunikacija laka je i sve jasno je.

Ljudskom biću u stanju Sklada druženje zadovoljstvo je, viđenje
celog univerzuma i sveta oko njega lako je, stvarstvo tada njemu
postane čujno i ćutno; sve baš sve tada jasno i glasno je.

Biću Sklada dostupni opisi su, slike, vizije, snovi, ideje, misli,
osećaji, telesni podražaji i reči, ali čak ni to sve dovoljno mu nije
da opisao stvarstvo bi, istinu postojanja i življenja.

Isto kao čovekov Sklad tako i Ne-Sklad, STANJE BIĆA u kojem
trenutno nalazi se, jasno vidljivo i lako čitljivo je čak i bez ijedne
njegove reči progovorene.

Čovekov Sklad, nesklad, postavka, stav i način življenja vidljiv je
već i u samom telu; kada stoji, kako hoda, sedi, diše, sluša i gleda,
sve vidljivo, lako i jasno je - uvek.
Sve vidljivo je. Uvek.
Oni koji misle da nije, Malog Uma LJudskog varku žive.

Univerzalna komunikacija laka i jasna je.
U Skladu čak i tišina i mirovanje bića priča.
Svaka energija i materija čujna je i ćutna onome ko u Skladu je.

Potrošnja života

Nemoj pokazivati, dokazivati, objašnjavati i priče pričati koje ne služe ostvarenju tvojih snova, želja ili za ispunjenje tvojih životnih ciljeva; gubljenje je to, ne samo vremena i energije, već vrlo bitno, životne snage. Ne upuštaj se u priče koje ti ne služe.

Pričanje, prepričavanje, objašnjavanje i dokazivanje nečega što nezdravo i neprijatno je, veliki gubitak struje je i životne snage jednog čoveka.

Kada ljudsko biće istroši snagu svoju na zanimacije, misli i osećaje, Malog Uma LJudskog drame, sve tada postaje mnogo teže, bolnije i nezadovoljnije.
I zdravlje i življenje oslabi, jer istroši se struja, oslabi biće pa tako nema snage za dalje, za bolje; nema moći za stvaranje.

Vaša struja, vaša životna snaga važna vama za stvaranje je, ne samo za življenje, već za stvaranje novog, lepšeg i boljeg življenja.

Sprovodite s velikom pažnjom struju i životnu snagu svoju.
Pustite misli i odživljene doživljaje, a ponajviše one koji ne služe vam više; ne prepričavajte neprijatnosti, ne povraćajte da ponovo pojeli bi nešto što već i po prvi put jedva progutali ste.

Kada ili žurite ili čekate, u dve velike krajnosti živite, velika i ekstremna njihanja to su, veoma iscrpljujuća i pre naporna za telo ljudsko.
Tako nikada nećete moći odmoriti se, jer kada imate snagu, „žureći" prevelikom brzinom potrošite je na sto strana, a kada snaga potrošena je, šta tada?

Tada želite nadoknaditi je spavanjem i hranjenjem, a to sve varljivo je, to „odmoreno" i „nahranjeno" stanje, jer u takvom umornom i oslabljenom stanju druga krajnost „čekanja" lako primami.

A životna hrana, snaga, struja i odmaranje tu su, u unutarnjem miru i zadovoljstvu, u opuštenom, staloženom stanju bića koje u skladnom gibanju sa životom stvara i u Skladu odmara.
Izvor moći u razigranom življenju na talasima života je.

Strah ili Sklad -
Dva to su sveta različita

Šta strah je?
Čovek kada kaže: „Mene strah je", to zabluda je.
„Strah", samo neka reč je, prisvojena i pripisana nekoj vibraciji i senzaciji u telu, samo trenutno spoznanje neke vibracije i senzacije je.

Kako se čovek ili bilo koje živo biće kreće kroz prostor, otvoren ili zatvoren, on oseća vibracije, koje postojeća su forma, iako mnogima nevidljiva.

Nije strah u čoveku, ne nosi čovek strah u sebi, već kada prolazi kroz „prostor" iščitavajući podražaje percepcijom Malog Uma LJudskog, koji kaže „strah", ujedinjuje s dimenzijom straha se.

Nije „njega strah", već iščitana je energija telom ili samo mentalna percepcija nepoznatog, nikad pre viđenog i doživljenog, ili možda viđenog i doživljenog na neprijatan način.

Nalazeći se tako u toku i na talasima života, a ne biti svestan i prisutan u dahu i telu, čovek lako poneti i utopiti se može u Malog Uma Ljudskog dimenziji straha; u toj gustoj dimenziji nevidljive maglene iluzije.

Zato lagano i vešto plivajte svesni vibracija.
Samo je vibracija, samo trenutna je telesna senzacija.
Samo sećanje je možda jednog neprijatnog doživljaja.
Samo trenutna je vaša nestabilnost i nesigurnost.

A sada novi je trenutak,
novi je dah,
novi je dan,
nova je situacija,
a samo slična vibracija i senzacija.

Kako živeti drugačije?
Drugačije prvo u vama je.
Kada vi život ugledate drugačije, iščitate i prepišete na novi način, doživljavanje života drugačije je, na novi način.

Umesto drmajući se zbog struje i talasa, ili s vibracijama i telesnim senzacijama - samo vraćajte se u dah, prazninu, mir, tišinu i Sklad bića svoga.
U Sklad ko ste, kako ste i zašto ste.

Kada Sklad ste, nema vibracije, senzacije i situacije koja imati će uticaj na vas, vaš život i na vaše stanje bića.

Kada biće u je Skladu, staloženo i stabilno, tada samo prepozna vibraciju i senzaciju i korača jednostavno i lagano svojim životnim putem i putem duše.

Jačina duha
Jačina života

Fizičko telo i um ljudski, misliti i raditi, limitirano je.
Sam um gotovo ništa je.
Samo telo gotovo ništa je.

Kada čovek sluga je telu i umu, nevažno je koliko znanja i moći
ima u umu ili u telu, limitirano je i nevidljivo to življenje.

Šta u stvari jačina života je, šta ta nevidljiva Niagara je koja struji
i takvom jako nežnom jačinom teče kroz nas?
To nešto dublje je, veće i jače od bilo kakve zemaljske sile.

To nešto dublje, veće i jače,
neobjašnjivo Malim Umom LJudskim je,
neopisivo običnim rečima ljudskim je,
i dobro je tako, jer život večna čarolija je.

A šta život bio bi bez nepoznatog i čarobnog?
Bio bi dosada; sve poznato, shvaćeno i objašnjeno.
Život bio bi tuga i jednoličnost.

Čarolija duše, nekog veličanstva, nevidljive sile, to čar je kojeg
svako biće zna, ali ga svako biće i ne prepozna.
Ne, nije intuicija i ne, nije duša i ne, nije ništa nama poznato.
Niti je spoljno, niti je unutrašnje, niti je u čoveku, a niti je
vanzemaljsko, već je sve.

Da bi čovek prepoznao tu višu inteligenciju i nepoznatu snagu,
jedinstveno stanje bića potrebno je - Sklad.

A to stanje moguće samo doživeti je, ali ne i objasniti, ne može se učiti ni naučiti, ne može se ni kupiti.
Baš zato Sklad najjača sila je.

Svako može ga doživeti i živeti, prirodno je to stanje. Neki ljudi lakše, a nekima to životni je cilj i ceo život posvećen tom jednom je cilju, da bi se iskusio taj jedan trenutak i to stanje, to jedinstveno stanje Sklada, blaženosti i jedinog pravog orgazma.

Kao i sve ostalo u univerzumu, na površini ljudskog uma izgleda kompleksno i zahtevajuće, a najprirodnije to našeg bića je stanje.
Naše biće poznaje to prirodno stanje, stanje čiste svesnosti i svetlosti, jedninu i celinu.

Zbog toga mnogi ljudi nesretni su, nezadovoljni i neispunjeni, jer sećaju se tog stanja, znaju da nešto više i jače i bolje postoji, ne samo za njih kao pojedince, već za celo čovečanstvo i za celo stvarstvo.

Život Sklada jednostavan je, mnogo življi, a time i snažniji, a kada čovek jači je, tada ceo njegov život totalno i kompletno drugačiji je; a kada njegov život živahniji i jačinom duha obogaćen je, tada ojačan i obogaćen je i život ljudi oko njega.

Jačina duše

Čemu ovo druženje, znanje i spoznanje,
čemu pozivanje u Sklada stanje?
Šta to znači kada kažem, za novi, bolji i lepši život, za stvaranje?

Ovo znanje nije nešto da se samo nešto zna,
ovo druženje nije nešto da se samo Mali Um LJudski zabavlja.

Svrha ovog druženja i iščitavanja je, šta god da je sada u ovom
trenutku, da čovek zna kako da ophodi se na bolji i lepši način
kada nađe se u njemu neželjenoj ili neprijatnoj situaciji.
Svrha je bolji i lepši život.

Ne samo stvaranje u smislu, sada svi moramo nešto smišljati,
izume nove sklapati, kreirati i „manifestirati" nešto novo što ne
postoji.

Ne, ne pričamo o tome, već pričamo o življenju, o prirodnom
stanju, o jedinstvenosti i jednostavnosti svakog bića, pričamo
kako da ophodimo se sa životnim situacijama koje nisu kako bi
mi želeli i kako smo mi planirali.

Ovo važno je za sva vremena jer svet, ljudstvo, stvarstvo, okreće
se i pokreće se sve većim brzinama i sve jačom snagom.

Svi mi, ako sada ne pojačamo taj unutrašnji mišić, jačinu duše i
svetlosti u svakom od nas, patićemo svakodnevno, zato jer svet
vrti se, život pokreće i okreće se, prihvatali mi to ili ne.

Ne možemo zaustaviti ništa i ne možemo promeniti ništa, osim
pojačati snagu svoje svetlosti, svoje duše, svoje unutrašnje snage
koja uvek vodiće nas po najboljem mogućem putu; snaga koja

služiće, ne samo nama u svakodnevnom životu i u različitim situacijama, već će biti doprinos i dobrobit i svim ljudima oko nas i celom čovečanstvu.

Vođeni kojom silom?

Vođeni emocijama, ako i kada vođeni samo emocijama smo - Malim Umom LJudskim, tada ćemo uvek, ponovo i ponovo, samo ponavljati već sve doživljeno i proživljeno.

Da li to doživljeno ružno ili lepo je, dobro ili loše, prijatno ili neprijatno, lako ili teško, to sve nevažno je. Prvenstveno važno je da svesni smo i da prepoznajemo da ponavljamo.

Dok god vođeni smo emocijama i „mislim, mislim" mislima, zapleteni na površini življenja smo, tada ili patnja ili sreća, ljubav ili strah, istiniti nisu. Ni mir nije pravi.

Takva površno površinska stanja ne vrede nam puno, da ne kažem ne vrede ništa, jer na površini življenja Malog Uma LJudskog uvek prisutna su neka dramatična dešavanja koja drmaju naš organizam i stvaraju nezadovoljstvo i bolesti.

Kada stabilnosti i staloženosti nema, jasne slike ko smo, kako smo i zašto smo, tada neminovno je da će igre i zanimacije Malog Uma LJudskog naći načina i potrošiti našu životnu energiju i bića snagu.

Život tako prođe u neprestanoj borbi, nezadovoljstvu, drami, nesigurnosti i nestabilnosti, pukom željom Malog Uma LJudskog da spasi „nešto važno" - lažnu sliku sebe, večno tražeći mir, ljubav, stabilnost, slobodu, lepotu, dobrotu i ostvarenje. A to uzvišeno - Sklada stanje bića ne može se „naći", sigurno ne tražeći ga tom, Malog Uma LJudskog postavkom koja dovela je čoveka u to napeto, bolesno, neprijatno ili neželjeno bivanje.

Život svetlosti i jarkih boja, prisutnost neizmerne ljubavi duše, a ujedno jačine duha i jasnost uma, stanje je koje svi traže i žele, Sklad bića je za čime svi čeznu.

Sve tu je. Postoji.
Život isti svima dan, struja ista svima dana,
slobodna volja i izbor svima rođenjem darovan.
Svaki čovek bira svoga bića stanje i svoje putovanje.

S ljubavlju nežno ispratite svoju misao,
sagledajte svoju sliku, svoje stanje i svoje putovanje.

Nikog ne krivi, ne sudi i ne kudi,
već Sklad, ljubav, mir i svetlo budi.
Nije greh drugačiji biti,
grešno je svoj jedinstveni sjaj ne podeliti.

Kontrola, borba ili
sloboda bivanja

Borba postoji od pamtiveka, ali zar nije došlo vreme da prestanemo da se borimo?

Da li borimo se za nešto ili borimo se protiv nečeg, još uvek u borbi smo. Borba u nama je, borba je ko mi smo.

A dokle god u borbi smo, promene nema, jer boriti se ili za nešto ili protiv nečeg uzaludno trošenje je životne snage, energije i vremena, jer u borbi samo borba je.
Čemu to?
Privremeni osećaj pobednika možda?
Lažno i bolesno je to zadovoljstvo.
Privremeni osećaj neke pobede ili promene, lažno je, lažno.

To što želite svakako ne dolazi iz borbe protiv nekoga, nečega ili za nešto.
Borba dolazi iz nesklada stanja vašeg bića, dolazi iz Malog Uma LJudskog.

Borba u ime ljubavi, vere ili nacije,
a stvarstvo smo jedne iste kreacije.
Kako?

Vaše stanje bića je vaše stvaranje života i življenja.

Znam da sada imate sto novih misli i pitanja: a kako onda s njim, a kako onda s njom, a kako onda ovo, a kako onda ono?

Dok god držite neku sliku, neku iluziju, dok god držite nešto da bi moralo biti nekako i onako kako vi mislite da mora, imate okove, okove oko ruku, oko nogu, oko vrata i života.

Ratnici ste, a ipak zarobljenici, zarobljeni Malim Umom LJudskim, a u borbi svako biće, svakim dahom i pokretom tone i trune. U borbi život gubi se.

Dokle god se vežete za nešto ili za nekoga i kažete „moje, moj, moja" vezani ste, vezani ste, niste slobodni, vezani ste.

Pa se sad pitate ponovo, a kako onda s njim, a kako onda s njom, a kako onda posao, život, deca, žena, muž, zdravlje, novac, karijera, a kako?
Jednostavno, lagano, zadovoljno i oslobođeno, život darujte s istom lakoćom kao što Niagara svetlosti struji kroz vas.

Kada skladni ste, tada jasni, jaki i glasni ste, čak i bez glasa.
Samo bivanje je dovoljno postojanje, tu ni borba, ni uzmicanje nije potrebno, samo postojanje već sve je.

Zato stanjem svog skladnog bića stvarajte novi, bolji i lepši svet.

Sećanje

Kada kažemo „učimo", ne učimo mi ništa novo.

Mi doživljavamo, istražujemo, iščitavamo, prepoznajemo, sećamo se, prosleđujemo, zapisujemo, darujemo i prigrljujemo.

Sve znanje u nama već je, prirodno je to naše stanje.

„Učenje" samo reč je, i stvarno vas molim da ne slušate, ne samo sada nego nikada, da ne slušate samo reči.

Reči samo putokaz su i za nas ljude samo jedan način, jedan od načina komunikacije.

Učenje je sećanje i druženje.

Učenje je primanje i davanje.

Učenje-Druženje doprinos je; oslobađanje je od okova Malog Uma LJudskog, jedan on načina da pustimo rigidna i lažna verovanja, popustimo barikade i u potpunosti prepustimo se životu, jer život mnogo više je od onoga što mi vidimo, razumemo i shvatamo.

Življenje bez daljnjih povreda

Zašto pričamo o Skladu Bića?
Baš zato, da bol bi stao.

Kada mi u Skladu smo, tada naše je bivanje, naša dela, naše ponašanje, delovanje i življenje u Skladu: u Skladu s prirodom, s ljudima, sa životinjama i s dušama, s materijalnim i nematerijalnim svetom.
Sklad je Sklad.

A Sklada kada nema, tada doživljavamo život koji povređuje nas i druge, nenamerno, namerno, nevažno je, ali tako je.

Poziv u Sklad, poziv je u boljitak za sva bića.

Jedinstveno biće za lepši svet

Tražite i čekate spasitelja, i tražite ga u crkvi, u predsedniku, na poslu, u porodici, u društvu.
Koga tražite, koga čekate da svoju bi istinu živeli?
Ko će da vas spasi, podigne ili stvori nešto bolje i lepše u vaš život?
Ko to tamo je i gde?

Spasitelj, učitelj, doktor, trener, pop, šef?
Ko to tamo zna bolje od vas samih?
Ko to tamo od vas može bolje, od vas samih?
Kome pridajete pažnju i dajete moć?
U koga gledate i zašto?
Da vas spasi?

Spasenje, u vama je.
Zdravlje, u vama je.
Bogatstvo, u vama je.
Lepota, u vama je.
Ljubav, u vama je.
Vi ste.

Vaš jedinstveni životni put u vama zacrtan je,
vaše je pratiti tu mapu, do vas je pretočiti taj čar
i uzemljiti taj jedinstveni, vama darovan, dar.

Pogledajte sebe, saslušajte sebe da znali bi gde, kako i kada dalje.
U vama snaga je, znanje i moć.
U vama je, za vas, svakome dano, prirođeno.
Svako živo biće rođeno je sa darom i sa blagosti čarom.

Niko bolji i niko lošiji, po duši smo jednaki, po životnim putevima različiti.

Zajedno smo jači, da.

Zajedno smo jači u jedinstvenosti svakog bića,
zajedno smo jači kada svako svoju istinu živi
i svoj jedinstveni dah i korak sledi.

To je „to" spasenje, jačina i snaga jedne duše, jednog ljudskog bića i celine jedinstvenosti.

To je „to" življenje i život jer, da, uvek biti će nepogoda i nestašluka i svega, jer sve postoji, ali i uvek nečiji doprinos će doprineti.

Stoga jačina i snaga u jedinstvenosti je, u Skladu, sklopu čoveka i duše, a tada i zajedništva.

Živite život željni života

Ne bojte se nespavanja, umora, rada, stvaranja,
doživljavanja i putovanja.
Ne bojte se, ne branite se svega i svačega novog,
nepoznatog, nedoživljenog životnog.
Ne razmišljajte i ne premišljajte, ne sudite, već živite.
Neka vas srce i duša vode,
jer svetlost vaša put vam uvek osvetljava.

Hodajte jako, lako, odlučno, staloženo,
nežno, mirno, ljubavno i moćno.
Hodajte prožeti i ispunjeni svetlošću jarkih boja, željni života,
razigranih glasova, pesme, plesa i nežnih dodira.
Veselite se dana ispunjenih tišinom,
veselite se dana ispunjenih žustrinom.

Vi ste ti koji životu dajete život.

Ne čekajte na nikog i na ništa.
Život živi kroz vas, za vas i s vama.
Ne čekajte, ne nadajte se, već poželite, zamislite, zasanjajte i
samo to zaživite i za ništa drugo vremena nemajte.
Živite svoj san, hodajte svoj san, dišite svoj san jer vi ste ti koji
san sprovedete u stvarnost i ideji udahnete i darujete života
realnost.
Vodite ljubav.
Vodite ljubav živeći.
Vodite ljubav sa životom.

Samo lagano vidi i prihvati šta JE

Šta sada i kako kada nešto neprijatno je, nepoželjno, nezgodno, traumatično, možda čak i bolno?
Možda nije traumatično ni bolno, ali neugodno je, neka neprijatna trenutna emocija koju čovek ne želi da oseti ili ne zna kako da se s njom ophodi.

Ljudi nalaze mnogo načina da izbegnu osetiti, čuti ili videti to nešto što njima neprijatno je, nadajući se da, ne slušajući i ne gledajući šta JE, to nešto nestaće.

Umrtvljivati biće svoje, izmičući pogled ili praveći buku to nepoželjno i dalje biće tu, jer ti tu si. Tvoja nelagoda i neprijatnost u tebi je, to tvoga ljudskog bića je konstrukt.
Negiranje, ignorisanje i potiskivanje vodi u samouništavanje, jer čak i ono šta nama trenutno neprijatno je i to život JE.
Lažno i nepravedno do svog bića misliti je da spretnost to nekog manevra je od kojega sve nepoželjno samo od sebe nestaće i da tada to šta JE postojati neće.

Radeći to, svi dobro znamo, ništa ne rešava se.
Na primer, kada mali kamenčić u cipeli žulja, a mi lenji da stanemo, sagnemo se, izujemo i izbacimo ga; ili cipela kad žulja, osećamo mi da žulja, ali ne marimo.
Isprva samo mali kamenčić je i malo žuljanje, koje zanemarivanjem postane rana ili bolno veliki žulj i tako danima sprečava i ometa lagodnost življenja.
Tako je i svaka druga nelagodnost kada ignorišemo je, kada nismo pažljivi i pozorni na podražaje i znakove našeg tela i našeg bića.

To nešto što „žulja" vas, baš tome pridajte pažnju čim osetite, da ometalo vas ne bi i bolelo još više.

Bez ljutnje, bez greške, bez krivca, bez jada, bez tuge, samo sagleda i prihvati se nelagodnost, smetnja, slabost, nestašluk ili nepogoda.

Prihvati, obuhvati, pa čak prigrli, zavoli i zahvali, nežnošću posvedoči, tako preobrazi i sa zadovoljstvom dalje kreni.

Pusti, popusti i oslobodi, da tebi život lepše bi zujao i strujao.

Samo videti jasno i prihvatiti trenutno stanje iako nepoželjno, neprijatno ili bolno, prvi korak je iz neželjenog u željeno, iz neprijatnog u prijatno.

Tako.
Lako.
Idi dalje.

Potreba slabi onoga ko „treba"

Potreba iz „nisam", „ne znam", „nemam" i „ne mogu", Malog Uma LJudskog stanja, potreba za nečim, potreba za nekim, slabost je koja slabi.

Ljudsko biće, postavkom Malog Uma LJudskog, ograničeno uverenjem je o „nemanju". Takav način funkcionisanja destruktivan je i ponižavajući ne samo za njega, već za sve u njegovom svetu i za celokupno stvarstvo.

Kada čovek gleda van sebe „trebajući", nekog ili nešto, tada prazni energiju svog bića, stvara slabost i poteškoće. Njegova snaga od njega tada odlazi i tako nastaje energetska "rupa" i slabost tela.

Takav način delovanja uvek i uvek ostavlja to biće i dalje željno, nezadovoljno i neispunjeno.

Što veća potražnja i potreba je, tim veća patnja je.

Potreba slabi i onoga ko želi biti „treban"

A za onoga u koga ta potreba usmerena je, i za njega to teret je, pritisak i iscrpljenje. Takav čovek nosi teret, oseća teret i iscrpljen je, a često ne zna zašto.

Zato što „to energetsko stanje", ne može odmoriti i naspavati se. Energija, iako nevidljiva, obuhvata sve.

Kada kažemo: „ovaj težak je" ili kada osećamo se lagano i prijatno nakon druženja s nekim, to najprirodniji način je kako prepoznamo s kim družimo se i kakve posledice druženja će biti.

Kako to rešiti?
Važno prepoznati je i jasno reći: „Ne. Ne, to zdravo nije, hajde da družimo se u zadovoljstvu i s lakoćom."

Olakšanje, lakoća i oslobođenje stvori se kada taj neko ko stavlja potrebu - teret promeni smer, kada on okrene se prema sebi, živi i radi svoje i zna da on sam već celina je - ne polovina.

A taj neko ko teret oseća, da ne bi „žrtva žrtvi" bio svim onima koji u njega gledaju, na njega čekaju, teret stavljaju ili ga crpe, traže, žele, taj neko isto tako jasnom pažnjom, odlučno stane u svoj Sklad i pojača svoju struju.

Pojačati svoju struju i raširiti svoje polje, to jedine prave i zdrave granice su. Odlučno, staloženo i smireno koračati putem svojim, zadovoljstvom stvarati i u zadovoljstvu odmarati, doprinos biti, to zdrave granice su, jer ljudi koji teret su ili usisivači nečije energije i nečijeg života postoje, postojali su i uvek će postojati, zato rešenja nema „tamo kod njih", već kod vas samih.

Zdrava granica je kada svako u svom Skladu stoji, u prirodnom toku svoga bića, jer samo tada ne može ništa da dotiče ga, boli, smeta, ometa ili slabi.

Zdrava granica je nedavanje pažnje, vremena i životne energije mislima, osećajima, druženjima, ljudima i situacijama koje crpe energiju ili su teret, ljudima koji rasipaju svoju pažnju i nesvesno troše energiju, da li emocionalno, mentalno, fizički, novčano, energetski - isto je, teret je teret, crpljenje je crpljenje, rasipanje je rasipanje, jer to crna rupa je bez dna i propast svima.

Uvek, uvek i uvek
ili stvaranje je ili razaranje je,
nema treće.

Energetsko stanje bića

Energetska stanja i energetska polja, osnovni, važni su i sastavni deo svakog bića, a time naravno i svakog ljudskog bića.

Kao što fizičko telo stanje je, tako i energetsko polje stanje je.

Kao i fizičko telo, tako i energetsko polje može da ima povredu, ranu, smetnju, udubljenje, da bude u stanju bola, bolesti i slabosti.

Znakovi povređenog energetskog polja rasprostiru se od blagog nezadovoljstva, duboke tuge do velike patnje ili ogorčene ljutnje.

Poznavanje energetskog stanja iste važnosti je kao i svako drugo razumevanje i znanje.

Poznavanje fizičkog tela stanja, mentalnog tela stanja, emocionalnog tela stanja, energetskog tela stanja, INTELIGENCIJA je koja služi sveukupnom blagostanju.

Kada čovek ima znanje i poznavanje energetskog sistema, i unutrašnje i spoljne strukture, jača struktura je celog njegovog bića.

Značajnije život drugačiji je kada čovek razume inteligenciju energije, jednako važno kao kada razume inteligenciju ćelija.

Što jače energetske čaure su i stabilnija polja, time čovek zdraviji, jači i jasniji je, a time i njegovo življenje višeslojno obogaćeno je.

Iako mnogima taj svet nevidljiv je, nevidljivi kvantiteti, kvaliteti, mnogo toga nevidljivo je. Nevidljiva područja postoje, nevidljivi svetovi nevidljivi samo onima su koji ne vide, kao što znanje i informacije, nevidljive i nepostojeće, ne postoje samo onima koji ih ne poznaju.

Energetsko silovanje ili svesna nežnost

Kada osoba ili glasno ili tiho „gurnuta" je, ljutnjom, frustracijom, neprihvatanjem ili „pritisnuta", držana, zadržana, na primer: otporom, neprijatno dugom namernom ćutnjom, možda čak i ne do svesnog bola, ali pritisak bio dovoljno dug je da bio neprijatan je, ta sila ostane u čauri, u energetskom polju te osobe koja bila gurnuta je nekim mentalnim uverenjem i jakim ubeđenjem.

Takav doživljaj, iako nevidljiv, povreda je koja ostane u biću i ostavlja neprijatne i nezdrave posledice.

Takvo ponašanje „silovanje" prvenstveno bića je koje deluje na takav način, a ujedno i svih osoba s kojima sarađuje i druži se. Takvo delovanje istovremeno i otpor i blokiranje jedinstvenosti je življenja iz Malog Uma LJudskog postavke.

Takozvana „kontrola" grčevito življenje je iz limitirane svesti - misliti i verovati da pametniji od Stvoritelja si i da imaš pravo braniti nekom biću biti i postojati na njegov način.

Bilo kakva sila iz postavke Malog Uma LJudskog, slabost je i kvar onoga ko sprovodi nasilno ponašanje.

Isto tako, nastojati biti kako taj neko drugi očekuje, želi i naređuje, slabost je i kvar onoga ko ugnjetavanje, nasilništvo i torturu prihvata i opravdava.
Energetski, mentalni, emocionalni, fizički šamari jednako su bolni i štetni.

Osoba s postavkom Malog Uma LJudskog koja usvoji nečiji drugi pogled na život, verovanje ili delovanje, lično ili poslovno, ne znajući nosi masu, teret, tumor, strano telo, tuđu mentalnu formu, emociju ili energiju u svojoj čauri i vremenom razboleva se ili u mentalnom ili u fizičkom telu.

Isto tako ljudi koji iz svog malog sveta straha i nesigurnosti ne prihvataju drugačije mišljenje ili drugačiji način življenja, oni silom uteravaju svoja jaka ubeđenja i uverenja u nečije čaure i tako na razne i glasne i nečujne načine prisiljavaju pojedince u njima njihov poznat svet i njima njihovu zonu komfora.

Iako osoba koja nosi energetsku povredu može da izgleda poprilično zdrava, energetska povreda živa je, vidna, čujna i ćutna onima koji vide, prepoznaju i osete energetska stanja.

Takve energetske pesnice i masnice mogu da osećaju se kao smetnja, a izrazitije su kada čovek umoran i iscrpljen je. Tada povrede, pesnice, udubljenja i lomovi čaure jače izraženi su i jače bolni.

Ne bojte se boli. Ne bežite od boli. Ne uzimajte napamet i nesvesno tablete, već sednite i podružite se s bolom.
Saslušajte šta vaše telo priča vam i pokazuje.

Povežite se s dušom svojom, s dahom svojim,
zažmurite očima ljudskim i pogledajte unutar tela svog.
Dozvolite i suze i smeh, dozvolite telu ili mirovanje ili kretanje koje prirodno potrebno mu je da isprati bol.
Ne morate čak ni znati zašto i kako nešto dešava se, samo opustite se, stavite pažnju na dah i dozvolite inteligenciji tela i duše da stvori Sklad. Vaš dah stvoriće oazu mira.

Oaza mira stvoriće opuštanje u telu, a time mesto da telo oslobodi se bola.

Kada jedno s telom ste, kada u Skladu ste, kada svesni svog daha ste, tada slobodno uzmite tabletu, da posluži kao prijatelj vam, kao pripomoć, naravno, samo ako to još uvek doprinos vašem zdravlju i blagostanju je.

Zbog takvih posledica, svoje čaure čuvajte, svesni budite i svojih jakih uverenja i ubeđenja koja možda nesvesno gurate u čaure drugih ljudi.

Svesni budite kada neko drugi radi udubljenje ili lomi čaure vaše svojim jakim mentalnim uverenjem i ubeđenjem.

Svesni budite izazivanja, mentalnih, emocionalnih i energetskih drmanja. Svesni budite nezdravih poziva koji prizivaju vašu pažnju u neprijatna doživljavanja.

Ljudi s postavkom Malog Uma LJudskog iz dosade igre stvaraju, stanja nemira i dramatične situacije koje bolne su za sve.

Jednostavno ne učestvujte.

Ne javljajte se na takve pozive, provokacije, vređanja, neprijatne šale i ponižavanja. Jad stvara jad. Ne morate otrov piti da otrovali bi se, oboriće vas već sama para. Jednostavno, ne odazovite se, bez obzira ko vas poziva u takva nezdrava druženja.

Ne odazvati nezdravom pozivu se, jedini najzdraviji izbor je.

Ne sudite i ne bežite, jer sakriti od života ne možete se, već svesni i prisutni u svom telu, umu i u bića Skladu budite.

Svesni budite svih podražaja i osećaja s kojima biće vaše znakove vam daje i življenja priče priča.

Stanje mira, miline i zahvalnosti najbolji temelj za zdravo druženje je.

Nova Postavka

Podsećam vas, ne sudimo, već sagledavamo energetska stanja.
Podsećam vas, da živio bi se bolji i lepši život, nije potreban trud vam, odbrana, napad, borba, pomaganje, jad, sila ili žrtvovanje.
Svi ti načini zastareli su i pripadaju nekom drugačijem starom i bolnom svetu.

Nova postavka.
Najveći doprinos sebi, drugome i celom čovečanstvu tada ste i samo tada kada u Skladu ste, kada svoj jedinstveni JA živite, kada Sklad tela - uma - duše - stvarstva živite.
Tu dar i čar vaš živ je, a celo biće vaše uistinu živahno.
Život protočan i dinamičan, a življenje lagano i duboko ispunjeno.

Vaše telo ljudsko animacija takozvane nevidljive struje je zvane život. Ljudski život zanimacija je, doživljavanje življenja i igra duše. Vaš um motor je, dinamičan pokretač, usmerivač tog života i te struje. Ta struja, to vaše gorivo je, vaša hrana, izvor, nepresušni izvor najboljeg pića jedinstvenog bića.

Odlučno Živeti

Onaj koji traži, želi i očekuje nešto od nekog, onaj koji traži, želi i očekuje od muža, žene, roditelja, dece, porodice, prijatelja, poslovođe, doktora, firme, države, predsednika, svetske organizacije, zauvek ostat će prazan i neispunjen.

Želeći, nadajući se, očekujući, tražeći i trebajući nešto izvana, gubi energija se, rasipa struja se, venu ideje, jedinstvenost razvodnjava se.

Drugačija „vremena" su, nova deca donose nove energije, nove frekvencije, nove vibracije, nove postavke i svesnija stanja.
Veliki to učitelji su, ta nova „osetljiva" deca.
Pokazuju vama put i kako da uistinu se živi.

Sve staro propašće i propada, življenje kroz Mali Um LJudski samo ne može više da preživi, ni ljudsko biće, ni zajednica, ni brak, ni institucija, ni svet, ni planet.

Nijedno poslovanje neće moći da preživi više s Malog Uma LJudskog snagom. Napor, trud, sila Malog Uma LJudskog samo, postala neprimetna je i preslaba za bilo kakvo stvaranje i ostvarenje. Samo čovek, brak, poslovanje, samo oni koji u Skladu s dušom su, s tom jakom strujom i nevidljivom energijom, ispunjeni biti će bogatstvom.

Ne samo preživljavati, već uistinu živeti, stvarati, voleti i doživljavati lepotu, dobrotu i bogatstvo života, samo oni će koji doprinos svojim jedinstvenim darom i čarom su, koji ne traže i ne žele i ne čekaju na nekog ili nešto već sa zadovoljstvom žive, daruju i čaruju, doprinose i svesno ostvaruju.
Raširenih ruku darujte čaroliju, neka Niagara svetlosti preliva se kroz vas na sva bića oko vas.

Pogledaj i saslušaj

Kada boluješ, pogledaj zašto boluješ.
Kada tuguješ, saslušaj zašto tuguješ.

Ne traži medicine - droge - leka dok ne pogledaš i ne saslušaš.
Ne traži objašnjenja, ne imaj uverenja, sve to pusti.
Samo pogledaj i samo saslušaj unutar sebe.
Šta boluje, šta tuguje i da li si to stvarno ti?

Da li tvoje uverenje boluje,
da li tvoje očekivanje tuguje?
Ako uverenje je, očekivanje, to nisi ti.
Samo Malog Uma LJudskog stranputica je i varka.

Da li stvarno ljut ili žalostan si?
Da li stvarno žalostan si?
Ili putanja pogleda tvog iz Sklada nije?

Samo to pogledaj i samo to saslušaj.

Sve, baš sve važan deo je tvog življenja

I šta ako rano je, ili kasno je, pa šta ako spava ti se i kakve veze ima ako žedan i gladan si? Samo trenutna stanja su.
Zastani, odmori i daruj telu hranu koju traži, vodom ga osveži, opusti se, ali nikad ne popusti pažnju, ne zapusti život da izbledi.

Opusti se, podruži se i zabavi, i to važno je. Jako važno.
Zar nije i to deo tvoje želje življenja u potpunosti?

Sve, baš sve ti u potpunosti živi, svaki trenutak sa zadovoljstvom životnim, jer ne postoji sutra i ne postoji kasnije, a posebno ne postoji ništa drugačije za tebe kada svet, neko ili nešto promeni se.

Do tebe je, tvoj život tvoj je.
Budi ljubazan i nežan.
Budi ljubazna i nežna.
Poštuj, vrednuj, neguj, grli i voli svoje biće ljudsko i jedinstveni put svoj, pa čak i kada boli i kada teško je.
Prigrli življenje jer najveći dar je.
Pusti sve priče, sve one koje na blagoslov ne liče.
Struja svima ista nam je dana i struji kroz svako ljudsko biće, a jačina struje do svakog bića je.

Najveće bogatstvo i doprinos lepoti i dobroti življenja svakog ljudskog bića Sklad je.

Važna je pažnja

Kada nešto ne ide vam kako vi želeli bi, ponekad samo pokazatelj je da skrenuli pažnju ste na nešto drugo ili na nekog drugog.

Samo vratite u svoj Sklad se, stavite pažnju na vaše stvaranje, življenje, želju, projekt, situaciju, vratite pažnju i pojačajte struju.

Odlučnost, staloženost i zahvalnost životu nežno daruje život tome što želite, pojačava struju i daruje i daje.

A opuštanje važan deo je, opuštanje svakom ljudskom biću potrebno je; opuštanje, ne popuštanje.
Opuštanje Sklad je, deo celine, važan deo stvaranja.

Ostvaren san

Duži korak, dublji i jači korak, dublji i jači dah, sve to način je pojačavanja struje da živeli, doživeli, stvarali i ostvarili svoj san bi, želju i ideju.

„San" živ u nekoj drugoj dimenziji je, zato san izgleda daleko jer u nekoj drugoj dimenziji je. Oživeti ga u ljudskom znači ojačati to stanje u ljudskoj dimenziji.

Želeći živeti i ostvariti san - pojačajte struju, uvek i uvek i zauvek ista formula biće.

Zalivanjem, negovanjem i gajenjem, seme iz nevidljivog jedan dan postane vidljivo. Isto tako i vaše stvaranje, prirodnim putem iz nevidljivog, ideja gajena, postane vaše ostvarenje i življenje.

Kvalitet življenja

Ponekad nije jednostavno, čak ni lako, prepoznati svakodnevne navike, koje ne samo da nisu više povoljne i doprinos, već postale su čak i štetne.

Samo razumevanje da sve uvek tu je, da sve postoji, da sve uvek moguće je, dovoljno je da s lakoćom biramo svoj put.

Kada navika postane mehanička, kada posegnemo za nečim samo iz navike ili neke neispunjene, naše Malog Uma LJudskog potrebe, tada te i takve navike naravno da štetne su, jer izlaze iz nesklada. Nije svesno, ni pozorno, ni skladno.

Da li to hrana je, piće, društvo, rad, čak i opuštanje ili zabava?
Može da izgleda kao opuštanje, a ne opušta vas.
Može da izgleda kao zabava i druženje, a ne zabavi vas.
Iako ništa značajno vidljivo nije, i opuštanje i druženje može teret da bude i u nezadovoljstvo da vodi.

Svi dobro znamo, poznamo, znate i poznate jutarnje buđenje, a telo u stanju umora i težine, iako spavali ste i odmarali telo zadnjih pet, sedam, deset sati.

U Skladu sve kvalitetno je, sve: rad i radnja, šetnja, mirovanje, odmaranje, stvaranje, druženje. Zato prisećamo se samo, samo jednog - Sklad.

Jedan smer, bolji život

Dokle god čovekova postavka ovisnost je, zavisnost od nekoga ili nečega, dotad žrtva je nekoga ili nečega, ovisan od nečije dobre volje, zavisan od nečije milosti, ljubavi, bogatstva, mira.

Takvo življenje ni istinito, ni oslobođeno, ni u potpunosti življeno nije, već samo preživljeno je.

Zadovoljstvo stvaranja, uzbuđenje buđenja u novi dan svaki, doživljavanje življenja u potpunosti, to oslobođeno stanje je. Oslobođeno prijatno stanje prirodno stanje svakog bića je.

U stvaranju čovek oseća se blaženo, slobodan i jak, ljubljen, opušten, miran, zadovoljan i važan, važan jer poslužuje i doprinosi vlastitom življenju, čovečanstvu i celom stvarstvu.

Čak i kada stvaranje veoma zahtevno ili iscrpljujuće je, ispunjenost i zadovoljstvo iz dubine bića, svesnost doprinosa vrednost je koja ljudskom življenju daje smisao i svrhu.

U opuštenom stanju zadovoljstva reka bogatstva teče kroz biće i takvim življenjem taj čovek doprinos celom stvarstvu je.
Tako čovek izađe iz jada, žalosti, sažaljevanja, bolesti, tuge,
samo tako - stvaranjem.

Sve što muči vas, smeta, rastužuje, jada, ljuti ili nervira,
a prepoznate da samo Malog Uma Ljudskog nota je koja svira,
pustite je neka svira,
vi mir, ljubav, lepota, dobrota budite,
i tako neprijatnost neće ni da vas ometa, ni da vas dira.

Izaberite put jedan, izaberite put vama važan i vredan,
i pažnju, struju, svetlost, snagu i životnu energiju svoju svu
lijte, dajte i pridajte k stvaranju lepšeg i boljeg življenja.
Život koji kroz vas struji, vatra to neke vrste i najbolje gorivo je.
Prinesite u taj put jedinstveni, u put vaš jedinstveni,
darove i čarolije vaše SVE.
Prinesite da doprineli bi novom, lepšem i boljem življenju.

Jedinstvena dijeta

Ovo druženje i znanje svet struje je, specifična životna linija i važan deo celokupnog življenja.

Za trenutak dotaknućemo energiju vode, hrane i životnog prostora.
Što jasniji i bistriji čovek je, jasnije i svetlije biće, to bistriji i svaki deo njegovog življenja je. Sve struja u formama je hrane, pića, bića, stvari, prostora, kamena, drveta, kristala, minerala, gvožđa - prirode.

Svaka vibracija jedinstvena je kreacija.
Svako biće ljudsko, slika jedna,
materijalna forma njihove jedinstvene vibracije.

Koje piće i hrana zadovoljava i prija telu jednom, to do svakog tela je da oseti, iščita, sasluša, vidi i prepozna baš u tom trenutku.
To do svakog od vas je da pita telo svoje šta želi i šta prija mu, šta lakoći doprinosi, šta jačim i zdravijim stvara ga.
Pažnja vaša potrebna za zdravlje vašeg tela je, pažnja vaša na tanjiru vašem i u čaši vašoj.

Kada telo teret nosi, upale i boli, da bi samo savet, recept, informacija, tableta, injekcija, da bi samo medicina, da bi samo doktor mogao da pomogne, svi bi vi bili zdravi.

Do vas je, do vaše svesnosti i pažnje, jasnosti, vrednota, discipline i odlučnosti.
Vaše zdravlje prvenstveno u vašim rukama je, vaša sreća, mir, ljubav, bogatstvo, zadovoljstvo i življenje u vašim je rukama.

Svako ZNA najbolje za sebe

Ne može duhovni ili mentalni savetnik, doktor, direktor, saradnik, predsednik, da vam pomogne, da vas ozdravi, izleči ili stvori bogatim.

Ne može niko da zadovolji vaše potrebe, prepozna vaš put i vaše zadovoljstvo.

U vama svako pitanje i svaki odgovor je, u vama moć je, vi već jeste sve to što želite.

Svaki zapis, informacija, inteligencija, u vama je, vi ste sve.

Kada, kako i koliko, kuda, s kim - u vama je.

Vodstvo jasno, glasno, nežno, tiho ili možda vrišti, a vi uvek, uvek i uvek biću verujte svom. Svi od jedne duše smo, svi darovani smo.

Znajte da jeste i da postojite.

Sve to što dira vas, zove, želi, sve to već stvoreno je i postoji.

Ne preispitujte se, ne dvoumite se, već živite.

Neki kažu hrabro, nije čak ni hrabro, već je s lakoćom i sa zadovoljstvom, u Skladu s celim vašim bićem.

Iz ljubavi

Pitate se onda, a kako voleti, a kako pomagati, davati, služiti, pitate se: „Zar nije ovo sebično?" Ne, nije sebično.

Sklad jedini način je kako voleti, davati, doprineti i poslužiti, jer kada vi iz Sklada živite i stvarate, preliva se sva ta lepota, dobrota, ta ljubav i bogatstvo, preliva se mir i zadovoljstvo koje napaja celo stvarstvo.

Kada jesi, kada imaš, tek tada možeš istinski dati.
Kada jesi, kada daješ, tek tada možeš istinski primiti.

Stanje vašeg bića - vaša frekvencija - vi ste, vi tačno ta vibracija ste, vi tačno taj talas ste, i tada tačno to i dajete.

Kada vi bivate iz izvora nepresušne energije, ispunjeni i ostvareni, tada to prelivate. Sve to što jeste, preliva se na sve oko vas, to jedino nesebično je.

Naopačke smo mi to sve shvatili.

Ljubav, pomoć i davanje nije kada vi nešto trebate ili kada strah vas je.
Kada dajete ili volite zato što brinete, morate, trebate ili zato što dobili ste, tada to i dajete: brigu, strah, trebanje i moranje.
A to je kao da sejete pokvareno seme da bi vam život bio ispunjen lepim plodovima.
Zar ne?

Svaki dan, svaki sat, iz svog izvora svetlosti lijte i prelivajte, tada vam drugi nisu potrebni iz potrebe, tada društvo želite da podelili bi to što jeste i to što imate, jer zašto i čemu onda sve to što jeste i to što imate, već da bi davali, zadovoljavali, sreću svetom sijali, duše grejali i tako zdrave plodove ubirali i izmenjivali.

Takav svet kada birate i stvarate, tada nema ratovanja, gladi, straha, bolesti, neimaštine i patnje.

Što više ljudi iz izvora živi, nepresušnog izvora lepote, dobrote, ljubavi, mira i bogatstva, to bogatiji svet je, čovečanstvo i svaki pojedinac. Tako svi imaju i samo tako.

Zato osvestite i osvetlite se, pojačajte vatru u srcu, struju duše, uzbuđenje i zadovoljstvo bića.
Otvorite se više, jače i dublje da bi se božansko što lepše i lakše prelivalo u ljudskom.

Da, naopačke smo mi to sve shvatili

Kada se osećate usamljeni, turobni, tužni i možda nemate nešto što sada želite imati, teško vam je i pitate se kuda i kako dalje, nastavite li pričati o samoći, tuzi i neimaštini, gledati u tom istom pravcu koji doveo vas je do tog mesta, retko da će na takav način nešto novo i drugačije da se rodi, stvori i zaživi, a ponekad je to nešto za čim tugujete već tu u vašem životu, ali ga ne vidite.

Taj pogled, to putovanje dovelo vas je do tog kraja, išli ste tim putem dok je prijalo i bilo vama dobro.

Ne žalite sada za nečim što je bilo tako kako je bilo.
Bilo je, idemo dalje.
Ne sudite, samo je tom putu došao kraj, došli ste do kraja tog nekog putovanja.

Kada tu više nema ništa prijatno vama tada nema ni dalje. S lakoćom kažite: „Dobro je, hvala" i pustite taj put, lagano i sa zahvalnošću. S novorođenim uzbuđenjem okrenite se i izaberite neki drugi, novi, vama potpuno nepoznati put.

Uvek najbolji je nepoznat put, može biti samo trenutno da je nelagodan zato što nepoznat je, a može da bude baš zbog toga zanimljiv i jako uzbudljiv.

Baš takav nepoznat može da vas spasi, vrati u detinjstvo, gde je svaki novi korak neko novo uzbuđenje. Slobodno ga hodajte ili trčkarajte, igrajte se uvek i zauvek.

Istinski život u lakoći je, igri i uzbuđenju.
Samo tako puni života u potpunosti ste živi.
Kako naći taj novi i nepoznati put, koji će oživeti život u vama?

Pitajte nekog: „Šta mogu sada da uradim za tebe?“

Pitajte sebe, dušu, stvarstvo: „Kakav doprinos mogu biti?“

Naopačke smo mi to sve razumeli, pitali, molili i tražili: „Pomozi mi.“

Tražili smo pomoć umesto da pitali smo: „Kakav ja mogu biti doprinos tebi, vama, ljudstvu, stvarstvu, svima?“

To jedini je način kako nikada nećete u životu biti usamljeni, tužni, nesretni i u neimaštini.

Samo duboko dodirnuti stvarno žive

Podružite se, podružite se sa svakim osećajem i doživljajem koji dostupan vam je.
Obogatiće vas.

Sedite i podružite se sa svakim ljudskim bićem, religijom, intelektom, nacijom i kreacijom.
Obogatiće vas.

U mirovanju pridružite se svakoj frekvenciji i vibraciji.
Ojačaće vas, ispuniti, ozdraviti i prosvetliti.
Obogatiće vas.

Gledajte u oči, najsjajnije i najtamnije.
Prigrlite osmeh najtužniji i najsretniji.
Obogatiće vas.

Ne sudite, podružite se.
Ne bojte se, sve su to lepote života.
Obogatiće vas sva ta stanja i spoznanja.
Dodirnuće vas.
Samo dodirnuti uistinu žive.

Dobro pogledajte istinu

Vi, koji i dalje verujete u borbu, dokazivanje, pokazivanje, objašnjavanje, izvinjavanje, mišljenje protiv mišljenja, verovanje protiv verovanja, razdvajate čoveka od čoveka, razdvajate sebe od stvarstva.

Vi koji i dalje verujete da što jači ste u svojoj pravdi, da na taj način možete da promenite svet na bolje, svi vi pažljivo pogledajte, da li je to života istina ili je to Malog Uma LJudskog varka samo?

Pogledajte i saslušajte.
Ja vas pitam.
Vi sagledajte, vi saslušajte.

Da li borba, otpor, uverenje, objašnjenje ili izvinjenje vama služi za lepši i bolji život, za dobrobit čovečanstva?
Da li je takav način delovanja doprinos?
Kakav i čemu?

Da li je borba pomogla čovečanstvu da živi mir, lepotu, ljubav i dobrotu, zdravlje, bogatstvo, zadovoljstvo? Da borba ili otpor pomaže, zar ne bi već svi sretno i mirno živeli?

A šta ako jedini doprinos k boljem življenju je pojačati svetlo, struju, žar i čar lepote, dobrote, ljubavi, mira i bogatstva nas samih, za dobrobit svih nas?

A šta ako je baš ta blaženost svakog bića put zdravlja, mira i Sklada za celo čovečanstvo?
Samo pogledajte da li je to moguće za vas.

Da li vama prija kada ljubavlju i nežnošću dodirnuti ste duboko u dušu? Da li prijatno vam je kada iz duše ste dirnuti?

Samo pogledajte šta vaša istina je.

Život je život i posle smrti

Otvoreno jasnog, tihog uma, znatiželjno milog, mirnog srca i u potpunosti opuštenog tela prigrlite život i bivajte voljni života doživljavanja, svako na svoj način, šta god i kako god vam života doživljavanje prijatnost prelijeva.
Jer šta drugo život JE nego življenje i doživljavanje?
Čemu živeti ako ne života čarolije doživljavati?

Da vreme prođe, da starost dođe?
Zar je još uvek potrebno svedočiti takozvanoj smrti da bi se živelo?

Takozvana smrt kad dođe, znamo da nije smrt već samo neki drugi put je, neki drugi svet, drugačija stvarnost i realnost, drugačije življenje.

Podsećam vas, zbog vas, da kad vaše vreme dođe za neki drugi put, neki drugi život, da ne bi žalili i žalovali, tužni bili, već da vaš odlazak bio bi što lakši vama i onima koji i dalje ostaju u ovoj ljudskoj formi; Život Večno Živi.

Olakšavajuće je tako i onima koji odlaze i onima koji ostaju, golo shvatanje da ljudski je život bio življen svakom ćelijom, svakim dahom i svom snagom.

Naravno da rastanak s voljenim bićem, odlazak jednog ljudskog tela i jedinstvenog života rastužuje sve nas, dodirne nas, jer i to deo je življenja, takozvana ljudskog tela „smrt".

Ali da bi vam bilo lakše, vama koji odlazite, nama koji ostajemo, nama koji odlazimo, vama koji ostajete, znajte da jačina životne struje jedina važna je za nastavak življenja.

S ljudskom formom ili bez nje, struja struji, svetlo svetli, život živi. U stanju duše ništa se ne žali jer ništa nije propušteno i ništa nije izgubljeno. Struja struji, svetlo svetli i život živi.

Ili jesi ili nisi

Šta ti znači stan,
šta ti vredi hram,
polja, planine, reke, mora,
selo, grad,
automobil, avion,
novac, zlato,
prijatelj,
ako nisi znatiželjan, blažen i oslobođen?

Šta život vredi tebi, ako veličanstveno kroz tebe ne preliva se?
Kako ti vrednuješ taj najveći dragulj prirode,
taj jedinstveni život svoj i to čudo stvarstva?
Da li ga neguješ i slaviš ili ga kritikuješ i blatiš?

Šta znači imati i biti,
ako je i jedna karika života okov, lanac ili teret?
Šta znači postojati,
ako nisi siguran i odlučan
i kada punim plućima ne dišeš,
i kada jakim korakom ne koračaš,
ili kada svakom ljudskom ćelijom
i božanskom kapljom ti ne živiš?

Važno prepoznati življenje je
koje iz Malog Uma LJudskog proizlazi
i koje uvek neke vrste težina, borba,
strah, krčenje, moranje i pustoš je,
jer Sklada življenje,
doživljavanje života s lakoćom je,
u zadovoljstvu titranje i
iz dubine mira grljenje svakog doživljaja je.

Sklad vatromet je,
Sklad Niagara je,
Sklad potočić je, koji večno žubori i pevuši,
preliva se i dušom priziva u zajedništvo i blaženost.

Tako prepoznaćete put smrti ili put života.
Tako prepoznaćete Sklad od nesklada.

Na kraju krajeva, koliko god kompleksno se činilo,
jako jednostavno je:
Ili jesi ili nisi,
živ ili mrtav,
otvoren ili zatvoren,
oslobođen ili zarobljen,
ispunjen ili nezadovoljan.

Kada tamno je, Ti posvetli.
Kada sivo je, Ti oboji.

Mali Um LJudski sudi, Duša ne

Svako ljudsko biće doživljava mnogobrojne životne situacije, formulacije i događaje. To prirodno je stanje svakog bića.
Nikada ne sudi. Ne sudi prividno stanje uspeha, neuspeha, bogatstva, neimaštine, bolesti, zdravlja, nemira, ljubavi.

Zadovoljstvo i razdraganost ti živi, prijatnost doživljaja stvaraj.

Idi dalje, stvaraj i idi dalje.
Ne boluj, ne tuguj, ne pati, ne žali.
Idi i stvaraj, ne dozvoli da tuga, patnja i bol budu glavni zapis i otisak tvog življenja.

Zadovoljstvo i blagost ti živi, prijatnost doživljaja stvaraj.

Već samim rođenjem, svako biće doživi isti doživljaj.
Ne razlikujemo se, samo Malom Umu LJudskom izgleda tako, ali ne razlikujemo se, od u potpunosti istih sastojaka stvoreni smo.

Samo zarobljenici Malog Uma LJudskog sude jer ne vide očima duše, ne vide istinito zajedništvo, jedninu i celinu postojanja.

Mali Um LJudski sudi, duša ne.
Kako, kako duša da sudi kad zna i vidi celinu stvarstva?

Biće Sklada vidi jedinstvenost svakog bića i ne sudi; *ne može da digne ni glas, ni ruku na sopstveno postojanje u nekom drugom obliku, u nekoj drugoj formi.*
Kako?

Samo budi

Seti se.
Priseti se i oseti se,
kada te neka muka ili huja hvata,
seti se i priseti se
kako je kada te neko čuje, vidi,
prihvata, grli i voli samo tako,
bez razloga, bez nadanja,
očekivanja ili potrebe.

Čista prisutnost bez plana ili želje,
samo tu je,
za tebe, s tobom,
postoji,
žari, svetli i greje.

Kada te bilo kakav jad ili huja hvata,
seti se, priseti se i samo budi.
Samo budi.
Doživljaj prigrli svaki,
zagrljaj, zahvalnost, mirovanje i ljubav budi.
Svetlost i toplina budi,
jer to i jesi.
Ti
To si.

Spoj u Sklad

Dok god okreće se čovek protiv čoveka,

boljeg života za čovečanstvo nema.

Sklad, prvo svako svoj, a tada i dalje, iz Sklada Sklad, jer kada čovek spoji se sa dušom svojom, tada vidi dušu u svemu i svugde.

U očima druga i u cvetu,
u leptiru, oblaku, u drugom planetu,
mesecu, suncu, haljini beloj i starom kaputu,
kamenu crvenom i malom prašnjavom šumskom putu.
Samo iz Sklada je vid čist i pogled jasan.

Dok god se čovek bori protiv čoveka,
boljeg života za čovečanstvo nema.

Isto strah i briga kada vlada, „oskudica" bilo koje vrste, u takvom biću ljubavi nema, ni sreće, ni bogatstva.

Dva su to različita sveta, različite frekvencije, drugačije vibracije, drugačije stvarnosti i realnosti.

Pojačaj svetlost

Kako preživeti, živeti i uživati, kako živeti u svetu gde svega ima i svetu koji toliko čaroban je, tako predivan, i isto toliko opterećen i koji opterećuje, gde čovek bombardovan, guran, prisiljen, silovan zakonima, neprirodnim zakonima je, u svetu gde stvarno ima svega, a najviše i ponajviše gde čovek čoveka gura, opterećuje, siluje, prisiljava izvan svih prirodnih zakona i normi?

Kako živeti i preživeti je, da čovek ojača.
U čemu? Šta da ojača?
Stanje Sklada.
Kako čovek pojača i ojača sebe?
Kako, a da ne postane tvrd i grub?

Tako, Sklad.
Jače stvaranje, jača svetlost,
jasnija slika i jača struja,
jačina duha i jasan stav bića,
samo tako.

Tvoj dom u tebi je

Kako prepoznati lažnu svetlost i šta to znači lažna svetlost?
Da li je svetlost dobra, a tama loša?
Da li je tama dobra, a svetlost loša?
Da li postoji lažna svetlost?
Opet, samo su reči, opisi i putokazi za vas.

Sve tu za vas je da vi bi prepoznali vašu istinu, spoznali sebe, a spoznajući sebe, prepoznali putokaze svetlosti, tame, zdravlja, bolesti, bogatstva, neimaštine i istinskog doma svoga.

Domovanje vi ste, dom u vama je.
Dom, ljubav, mir, sigurnost, stabilnost, sve u vama je.
Vi sve ste.

Kada kažem lažna svetlost, opet, samo putokaz je koji kaže, iako svetli lepo i prelepo je, ne znači da to vaša istina i vašeg bića Sklad je.

Kada ne prija, ako nije vama lagano i zanimljivo, ako niste opušteno živahni, lažna ta svetlost je za vas.

To što vaš dom je, to prijatno je.
Da li to nazivate svetlost, tama, dobro, loše, nevažno je - samo površno gledanje u površinu ne prikazuje jasnu sliku.
Vaš dom i vaš Sklad tamo je gde opušteno i prijatno celom vašem biću je.

Kao što mnogo glasnih ljudi i spoljna buka ne znači da bučno je i unutarnje stanje čoveka, isto tako spoljni mir ne predstavlja i ne garantuje unutrašnju tišinu i mir čoveka.

131

Kako spoljna buka ili tišina ne predstavljaju unutrašnje stanje jednog bića, isto tako ni spoljna tama ili svetlost nisu jedini pravi pokazatelji unutarnjeg stanja jednog bića ili materije.

Poznajući sebe, poznaćeš sve.

Novo je snaga,
snaga je opuštanje

Hodati opušteno, a uzbuđeno, nepoznato novim putevima,
to života je življenje, prava snaga i moć bića Sklada.

Kada je tama, praznina, noć, nepoznato, novo, nikada pre
doživljeno, biću Sklada hodanje jedinstvenim putem postane
gotovo dečje uzbuđenje i zabava, a ne strah. Sklad neodoljiva je,
najjača, najlepša i najmilija istinska snaga jednog bića.

Ne, ne može se u nečem poznatom, svakodnevno komfornom i
napamet življenom, pojačati snaga ljudskog bića, a ujedno
raspetljati, ispeglati i opustiti Mali Um LJudski.

Jedno drugome drug je, potpora i blagoslov: jačanje tela opušta
um, jačanje uma opušta telo, a time i duša ushićeno je sjajnija.

Izbor tvoj je

Da li nežno ili grubo je,
da li dobro-prijatno ili loše-neprijatno je,
sami sagledajte sebe radi.

Ta osećanja i te reči, ti putokazi, nisu nam dani da bi sudili druge,
već da bi mi prepoznali naše stanje i naše putovanje.

Da li u pitanju je neko drugo biće, vrsta hrane, jastuk na kom
spavamo, stolica na kojoj sedimo, cipele koje nosimo, „dobro" ili
„loše", dano nam je da bi mi mogli slobodno birati šta prijatnije,
lepše i bolje nama u ovom trenutku je.
Samo zato i sve iz tog razloga.

Ne pokazujte prstom u nikoga i u ništa sudeći, jer time se to u
šta prstom pokazujete neće promeniti.
To JE tako kako JE.

Ako prijatno vam je, družite se, kupite si, jedite, obujte, darujte,
prihvatite, idite, radite.

Ako ne prija vam, „Ne.Prija.T.nO", pustite i idite dalje, bez
ikakvog objašnjenja zašto to nešto JE takvo kakvo JE, jer to
svakako nije tako kako ga vi vidite, osećate i doživljavate.

To samo vaše doživljavanje je, a ako vam baš ništa od toga što
vidite i doživljavate ne prija, stvarajte vi nešto lepše i bolje.

Tvoj svet, tvoj svet je. Zar ne?

U stvarstvu gde svega ima, tvoj svet - tvoj svet je, tvoje stvarstvo, tvoja stvarnost, tvoja realnost, tvoja ideja, inspiracija, kreacija, tvoj jedinstveni put, tvoja želja, tvoje življenje Tvoje JE.

Svaki život jedna forma, svaka forma jedan život.
Igra je to kreacije i zanimacije univerzuma.

Koga pitaš, koga tražiš, koga želiš, koga čekaš, kada ti taj si, taj jedan život, taj svet, ta jedna kreacija i manifestacija u ovom jednom jedinstvenom trenutku i jedinstvenom življenju, jer kada tog nečeg što ti želiš i čekaš nema, to tvoja vizija je, to tvoje delo je, to tvojim životom životu dana kreacija je da sprovedeš je u postojanje.

Život nije težak i život nije lak, ni loš ni dobar. Život JE.
Kako ga ti sprovodiš i doživljavaš, do tebe je.

Dimenzije življenja beskonačne su, dimenzije ljudskog bića isto tako, sve darovano nam je i sve tu je, ne da sudimo, ocenjujemo, precenjujemo, ubeđujemo, borimo, branimo, objašnjavamo, prepričavamo, ponavljamo, već nam je dano toliko darova, toliko boja, dimenzija, snova, iluzija, vizija, realnosti, stvarnosti, da uživamo, živimo i doživimo sve to bogatstvo stvarstva.
Baš to, „svega ima", je ta lepota života.

Život JE

Kada neko kaže, kada neko priča: „Nema, nema, nema“;
da li to istina je u stvarstvu zemaljskom gde svega ima?

„Nema, nema, nema.“
Da li možete videti kako to istina nije?
Takvo pričanje ruši mostove između vas i svega što želite.

Kada neko priča: „Nisam“ i „Ne mogu“, detoniranje mosta
desilo se, spajanja i spoja nestalo je, put izbrisan je.

Ujediniti se sa životom i življenjem jedini način je kako živeti
želju, ideju, san, plan ili viziju.

„NEma“, „NIsam“ i „NE mogu“ razdvajanje je, a ni istina nije
stvarstva, ni ove naše cele kreacije.

Ima, svega ima, sve već postoji i sve postoji, a ono šta „ne vidiš“
da postoji - U Tebi JE, Ti Si.
Ono šta vidljivo nije i to tu je, seme, samo vidljivo tebi još nije,
ali tu je, stvarstvo večno razvija se i raste.

Jesam, Imam, Znam i Mogu, to istina svakog bića i celog
stvarstva je.
Život nije ni težak, ni lak, ni brz, ni spor, ni star, ni nov.
Život čak nije, „ima - nema“, ŽIVOT JE.

Da li život ljubav je „tvoja“ velika,
jedinstveni spoj stvarstva, božanstva i ljudstva
ili život bol je „tvoj“, guranje, razdvajanje, žaljenje
- sve do tebe je.
Život JE.

Udahni

Stani, odmori,
koju prozbori.
Okreni, pokreni,
pusti, popusti,
pogledaj, sagledaj,
prisluhni, osluhni,
udahni.
Udahni.

Struja čudo je,
osvetljenje,
prosvetljenje,
boje, kreacije,
život svake nacije.

Pogledaj dublje, jače.
Gledaj, ne samo očima, već ćelijama.
Dahom slušaj, ne samo ušima,
oslušni krvlju, kožom i organima.

Samo tako otkrićeš pravu i jedinu istinu življenja,
celine,
sjaja,
dubine postojanja,
praznine.

Umiri se
Udahni
i spoznaj život.

TI SI

Uzdigni se, sebe radi
da pogled lepši bi ti bio.
Pogledaj život oko sebe
da postojanje bi ti značilo.
Ne spuštaj se, ne zatvaraj, ne skrivaj, ne uzmiči
jer tvoj život važan je.

Tvoje svetlo doprinos je i bogatstvo,
nova boja i jedinstvena forma,
tvoje darovanje je stvarstvu,
TI DAR SI.

Možda samo trenutno ne vidiš,
ali Znaš.
Znam da znaš jačinu i lepotu življenja,
znam da znaš jačinu dodira i divljenja.
Ti taj si, u tebi je.
Ti ta si.

Uzdigni dušom se,
pokaži se, prikaži se.
Udahni.
Izdahni,
da celo stvarstvo vidi tvoj jedinstveni dar i čar,
lepotu, dobrotu i bogatstvo.
Jesi.
Budi.

Kažeš, pitaš; zašto, kome, kako?
Sebi.
Ponavljam,
kada sebi si, tek tada i meni si.
Nije sebično.

Budi čar,
jer tada čar si svima i svemu.

Ne pomaži i ne traži, već daj,
a i daj samo zato što jesi i ima,
ne zato što tražiš nešto zauzvrat
i ne zato što očekuješ nešto zauzvrat
i ne zato jer „misliš" da „moraš".
Daj slobodno,
željno i s lakoćom,
u zadovoljstvu.

Daj to što jesi, što imaš, što znaš,
samo zato, jer to je ko si.
Izvor si i preliva se.
Daj tako,
slobodno i lako.
Posluži, jer to tvoj sjaj je.
Posluži, jer življenje nema ni početak ni kraj.
To si.

Idemo dalje u ljubav i zdravlje

Kao što gledamo u svet i u život, ima, ima i sve postoji, tako gledamo i u čoveka, ima, ima i sve postoji.

Ne objašnjavamo, čak ni ne poričemo trenutno stanje, samo ne opravdavamo, ne zagovaramo i tako ne zaključavamo biće u trenutno stanje kada to stanje nije poželjno.

Kada neka bolest je u pitanju, nisu potrebna snažna uverenja i ubeđenja da objašnjavalo i opravdavalo bi se trenutno stanje.
Ok, to sada trenutno je stanje; a šta idući korak je, a šta dalje je, a šta idući je dah i korak, ako želimo zdravlje?
Zar nije zdravlje?

Kada želimo ljubav, zar nije ljubav?
Kada želimo nešto materijalno, neku materijalnu vrednost, pa kako drugačije biti i imati, već da idući je dah i korak tačno to.

Zajedno smo jači, gledajući jedni u druge viđenjem da jesi zdravlje, da jesi ljubav, da jesi lepota, da jesi bogatstvo, jedino tako doprinos smo jedni drugima.

Ne pomažite iz straha i jada, ne tražite, ne objašnjavajte, ne izvinjavajte se ponovo, ponovo i ponovo za ponavljajuće bolne postupke, ne ogovarajte i ne opravdavajte neprijatno i nepoželjno.

Dah i korak,
sat i dan,
misao i reč
neka vam uvek bude prijatna i ljubazna.

Dodirnut životom,
dirnuo si dušom

Kada pogledaš, progovoriš, zagrliš ili daruješ,
kada poslužiš i doprineseš,
posluži i doprinesi iz Sklada,
budi i uradi jer duša dirnuta ti je,
a biće celo tvoje
svetluca i treperi.

Ne darivaj zato što tada voljen, tražen, željen ili pohvaljen si.
Ne daruj da hranio bi Malog Uma LJudskog stanje,
već čisto zato jer dušom dirnut bio si, jer zatreperila iz duše si.

Gledaj tamo gde dušom dirnut si.

Biće, koje deluje i živi iz Sklada, ne sudi ni sebi, ni drugome:
ni davanju, ni primanju, ni zašto, ni kako, ni kome, ni kada.

Čisto je, lako je.
Dao si.
Prigrlio si.

Dirnut bio si, na neki način.
Dirnuo si, na neki način.
Dirnuo život si.
Dirnut životom bio si.
Samo to lagano i istinsko življenje je.

Pogledaj dublje,
pogledaj jače

Kuda žuriš,
s kakvim o-sećanjem i percepcijom se budiš?
Koga čekaš?
Šta računaš?
Gde gledaš?
Šta razmišljaš i misliš?
Kome i čemu nadaš se i zašto?

Ne buni se i ne protivi ni jednoj mentalnoj uvredi,
emocionalnoj neprijatnosti ili nelagodnosti,
fizičkom ili materijalnom nestašluku ili nepogodi,
već pažljivo pogledaj šta to u stvari povredilo,
uvredilo, spotaklo, omelo i saplelo te je.
Da li stvarno ono tamo?
Ono nešto i onaj neko?
Pogledaj sebe, svoj stav
i svoja uverenja.

Pogledaj dublje,
pogledaj jače.
Zahvali se.
Laganiji i jasniji sada nastavi svoju jedinstvenu života avanturu.

Šta sve moguće je?

Kome prikazuješ, pokazuješ i dokazuješ se?
Sebi? „Nekome tamo?"

Naporan i velik rad to je koji ispunjava šta i zadovoljava koga?
Obična potreba Malog Uma LJudskog to je, a ne celovitog bića.

Pomisli i zamisli, sagledaj, šta sve u životu moguće ostvariti je umesto dramaturgije Malog Uma LJudskog zabavljati.

A da ne radiš taj težak, Malog Uma LJudskog, rad, gde životna ti je snaga u ogromnim količinama rasipana i požderana, zamisli samo šta sve bilo bi moguće.

Šta to plaši i zaustavlja te?
Kakvo si to stvorio uverenje koje zaustavlja te?
Čega to plašiš se i da li vredno je nositi taj teret na rukama, ramenima, leđima, kolenima... do bola ili vreme je da ga pustiš i nežno staviš k počinku i oslobodiš ruke i biće svoje od te neprijatno silne, Malog Uma LJudskog, varljive blokade i barikade.

Pusti.
Popusti.
Opusti.
Dopusti životu da živi.

Odlučnost i moć iz izvora

Odlučnost.
Biti odlučan znači biti stabilan, jasan, opušten i staložen kao individualno biće u ljudskoj formi u zemaljskoj dimenziji.

Odlučnost velika snaga je, biti odlučan jedna vrsta „moći" je.
Budite pažljivi u čemu odlučni ste i kako upotrebljavate tu moć.

Moć.
Moći otresti, očistiti, oduzeti i dobrovoljno pustiti sve nepotrebno, nepoželjno, neprijatno i tada moći poslužiti, podariti, stvarati jedinstveni život iz Sklada, to istinska moć je.

Odlučnost je Moć.
Budite pažljivi i pozorni na svoje moći.

Da li odlučni i moćni „biti" i „živeti" ste iz Malog Uma LJudskog, ili odlučnost i moć u lakoći celovitog života je koji toči i pretoči kroz vas se slobodno i skladno?

Dve su to različite moći i dimenzije življenja, u potpunosti drugačiji životi.
Opet samo reči su koje opisuju i pokazuju vašu postavku.

Neko od vas za prirodne znakove i signale kaže duša, duh, Bog, univerzum, intuicija ili osećaj u želucu.
Prijatan osećaj znak Sklada je.
Neprijatan osećaj signalizira Malog Uma LJudskog postavku.

Mozak-mozak iščitava, mozak-srce iščitava, mozak-stomak iščitava, celo telo iščitava i zna.
Telo priča, biće priča, pratite pažljivo priče vašeg bića.

Odlučnost moć je koja daje život vašem odabranom načinu postojanja, odlučnost drži vas na odabranom putu i daje dubinu vašem doživljaju i vašem putovanju.

Odlučnost i moć voleti život, voditi ljubav sa životom, životom ljubiti, ljubavlju živeti, životu ljubav darovati, ljubavi život dati, život slaviti, prepustiti i predati u potpunosti se, najveća romansa života je.

Postoje i velike suptilne moći, mekane i nežne, jedva čujne i ćutne, mile, ljubavne, ponekad grmljavinom popraćene, munjama obasjane, odlučne moći, moćnije od nas ljudi malih.
Poezija, umetnički radovi, muzičke note, zagrljaji, pogledi, izumi, ideje pa čak i mi rođeni smo iz duboke moćne praznine gde već sve postoji.

Odlučnost dar je, snaga jednog ljudskog bića, da prigrli i isprati život, da uistinu živi.

To beskrajno ništa je beskrajno sve; nevidljivo, poznato, nečujno, ćutno, najlepše ljubavno. To sve u svakome od vas je, svako od vas jedinstvena je nota muzike univerzuma, jedna posebna boja i slika umetničkog dela stvarstva.

Svaki dah, jedan talas je u okeanu univerzuma, duša dirnuta lepotom, ljubavlju i dobrotom, jedan korak je u plesu univerzuma.

Zato dišite, plešite, crtajte, pevajte, poslužite i odlučno se podružite predivno nepoznatom čarolijom življenja.
Vodite ljubav živeći.
Vodite ljubav sa životom.

Jačina blaženosti

Gledajući očima, samo očima ljudskim,
viđena samo ta jedna dimenzija ljudska je.

Gledajući očima Duše,
viđene sve dimenzije stvarstva su.

Oči duše vide dimenzije mnoge, dimenzije svetova i univerzuma,
svetlosti i tame, radosti i tuge; nevidljivi oblaci postanu živo
glasni, jasnost istine opipljiva, a najviše od svega, sve ono što
pogrešno shvatili smo izgleda neverovatno jednostavnim.

Slušajući ušima, samo ušima ljudskim,
čujno samo to površno, plitko i spoljnje je.

Slušajući ušima duše,
čujno i ćutno sve je.

Ušima duše čujno sve je, i dalje i najdalje i najbliže: srce ljudskog
bića, životinjskog carstva, prirode, univerzuma, svetova već
stvorenih, svetova tek začetih, vidljivih i nevidljivih.

Slušajući bićem celim, sve živo je, sve postoji tu i sada.
Sve čujno, ćutno, jasno i glasno je: sve dimenzije, svi svetovi, sve
u jednom - mir, tišina, dubina, ples zvuka i pesma boja, toliko
toga svega da gotovo ničeg nema.

Tu vas zovem, prizivam i tiho ispraćam. Zašto?

Za vas, za nas, zbog svih, zbog života.

A zašto ne videti i ne čuti stvarstvo i prirodnim stanjem doživljavati život i jačinu blaženosti?

Tada samo sloboda i blaženost vlada.
Tada ništa Malog Uma LJudskog neće da prevlada.
Tada život tkan je od dobrote i sreće,
a porok Malog Uma LJudskog patiti vas neće,
tada željni darovati ste svima
jer duša vaša čaroliju radosno daruje i blagoslove prima.

Vrednuj život

Nemoj da se mučiš,
ni bolom, ni nezadovoljstvom da se kućiš.

Čemu, kome i zašto tvoje mučenje,
jadom i strahovanjem kućenje?

To nije stvaranje,
niti je odmaranje,
nije životu divljenje,
niti istinsko je življenje.

Sve zemaljsko svakako zemlji ostaje,
a ti uvek živiš gde život ne staje,
putovanje tvoje prirodno je stanje.

Pitanje ovde važno je sada,
gde to misliš taj je „tamo" i „tada",
i da li znaš da iluzija je i želja i nada,
a jedino važno je ko si, kako si
i šta to ti živiš ovde i sada?

Da li živiš i življenje slaviš
ili poslednji dan za životom ćeš da žališ?
Da li koraci su ti harmonija lepote i sreće
i življenje šareno kao rođendansko cveće?
Ili vapićeš za životom zanemarenim i protraćenim
jer sledio put si, Malog Uma LJudskog, varkom zapletenim,
dušu napustio i biće uvenuo,
jer s puta svetlosti nemarno si skrenuo?
Kakav biće tvoj poslednji dan
tvoj to je jedinstveni života plan.

Življenje životnom strujom

Kada nešto, neko delovanje vama postane norma, nešto toliko jako normalno da pusta i nesvesna navika je, to tada mehaničko gibanje je, a ne života življenje.

Čim primetite da nešto mehanički radite, odmah zastanite i nešto promenite, jer u nesvesnom delovanju ni životna struja, ni vaša jedinstvenost nije prisutna.

Tada u pokretu na bateriju ste, „bateriju" - Mali Um LJudski,
a struja, duša, duh, stvarstvo, vodstvo, tada samo senka je,
a vi kao dar i čar nevidljivo nečujni jedva postojite.

A kada spremni život ste uistinu živeti, zastanite i udahnite.

Pođite putem lepšim i sjajnijim,
doživljajima krasite se čarobnim i bajnijim
zamenite naviku za iznenađenje,
preslikajte brigu u uzbuđenje.
Crtajte novi draženiji svet,
pevajte melodiju za miliji planet,
majstorski ponosite se življenja svog
da za življenje zahvalan vam je i dragi bog.

Gledajući celovito biće, dodajete blaženstvo

Kada nekoga žališ, celovito biće ne vidiš i istinu ne vidiš,
jer Malim Umom LJudskim gledaš i zato dobro ne vidiš.
Ne gledaš očima duše i svetlosti, zato dušu i svetlost ni ne vidiš.

Nepravdu radiš kada žališ, jer tada žalost doprinosiš i tako nikada
prave po-Moći ne daruješ.

Kada očima svetlosti gledaš i ušima duše slušaš, tada vidiš i čuješ
da taj neko svetlost JE, da taj neko duša JE, da struja struji i
svetlo svetli i kroz njega isto kao i kroz tebe, da i on celi
univerzum JE, da on božansko u ljudskom JE.
Samo tako gledajući doprinos bogatstvu života si,
jer jadom doprinos samo još većem jadu si.

Pogledaj jače, pogledaj bolje, pogledaj dublje, gledaj očima
jasnosti i svetlosti, da video bi celovito jedinstveno biće i život.
Tako i samo tako uistinu pomažeš i važan doprinos si zdravlju,
lepoti, dobroti i blaženosti življenja.

Istinita poMoć

Osvetli, pokaži,
i tada prepusti.
Osvetli mu, pokaži joj,
a onda pusti.

U tvojim očima to biće videće sebe,
setiti i prepoznati šta zdravlje, ljubav,
mir, bogatstvo, lepota i dobrota je.

Kao što svojim hodanjem
prikazuješ detetu kako da hoda,
isto tako kada želiš pomoć poslužiti,
prikaži svojim delovanjem i življenjem.

Pusti ga da sam prohoda,
pusti ga da ponekad i padne,
ali pusti ga da sam prohoda,
da hoda i da trči.

Živi u Skladu,
svetli, blistaj i treperi.
To „poMoć" prava i jedna jedina je.

Iz Sklada se Sklad stvara

Iz Sklada se Sklad stvara,
ne postoji većeg doprinosa, dara i čara.

Ako to što radiš i to što stvaraš, tvoj rad, posao, zanimacija, kreacija, ako samo to već ljubav, zadovoljstvo i duboke vrste odmor nije, onda to tvoj rad i tvoje pravo i istinsko stvaranje nije, već je mehaničko gibanje i življenje je iz Malog Uma LJudskog, iz straha, iz koristi, tražeći zadovoljstvo preko nekog ili nečeg.

Može tu da poriče se i priča,
naročito kada Mali Um LJudski prevlada,
a umor telo savlada,
ali znajte i prepoznajte,
iz Sklada se Sklad stvara,
iz sopstvenog dara i čara Sklad se stvara.

Iz zadovoljstva, zadovoljstvo se živi,
iz ljubavi, ljubav doživljava se i daje,
iz lepote i dobrote, zdravlje i mir se tkaje.

Pojačaj struju i korak

Odlučno koračaj
osvetljenim putem,
jedinstvenim svojim.

A kada stranputica te zaslepi,
znaj,
samo trena je tren.
Ne sudi.
Udahni,
izdahni,
i u Sklad stani.

Znaš
Ko si
Kako si
Zašto si.

Čak i kada teško je,
kad nemir, tuga, nezadovoljstvo,
bol i nepravda drma,
pojačaj struju i bića svoga Sklad,
stavi sve to drmanje kao drva na vatru,
neka ti i neprijatna valovanja daju još veći polet,
snagu, jasnoću i volju,
za stvaranjem i ostvarenjem života slobodnog,
zdravog, ljubavnog, mirnog i bogatog.

Traume ne može da se izleči, nove ćelije su lek

Trauma ne može da se izleči. Nijedna trauma.
Ne na način kako mnogi ljudi pokušavaju da leče.

Da li je to fizičko telo ili stanje uma,
bol ne može da se izleči gledajući i dirajući u bol,
jer dokle je i jedna bolna ćelija postojeća i bol tu je, postoji.

Pravo izlečenje i istinsko zdravlje - stvaranje je.
„Idemo dalje" prirodna je medicina
jer svaka novo-postojeća ćelija nov živ život je.

Šta znači isceljenje, izlečenje, ozdravljenje?
Znači, uvidiš povredu, čuješ bol, osetiš nesklad,
prepoznaš izvor bolesti, nezadovoljstva ili bola.
Dobro.
Sada jasno vidiš i znaš.

Sada, poravnaj se, pogledaj se, okreni se, pogledaj se,
tako pažljiv i pozoran pogledaj se,
nežan i svestan u Sklad stani i tek tada idi dalje.
Zadovoljstvom zadovoljstvo stvaraj,
zdravljem zdravlje stvaraj, mirom mir stvaraj.

Ne diraj bol, ne guraj bol ili nezadovoljstvo od sebe, ne neguj bol
dajući pažnju i životnu energiju nezadovoljstvu, boli ili bolesti.
Sve postoji, celina je, jedno je, i zdravlje i bolest,
svaki doživljaj svakako samo tren trenutka je.

Nežan budi, pažljiv i zdravlje neguj.
Nežna budi, pozorna i biće svoje neguj.
Idi dalje, dušom, srcem, celim bićem stvaraj.
Stvaraj, odmaraj, voli.

Boleće, boli. Boli sada.
A ti,
zdravlje neguj,
idi dalje nežno,
korak po korak,
misao po misao,
strpljivo, pažljivo,
s jasnom slikom zdravog življenja.
Tako se svako nesklada stanje Skladom „izleči“.

Jedino tako
se svako
i biće i stanje
pretoči u zdravlja blagostanje.

Prirodno stanje

Kada čovek prirodu ometa, tereti i truje, pa onda kaže:
„Bolesno je ono drveće, cveće i polje; treba da se leči".
Kako?
A ko je to taj čovek koji misli da može prirodu da leči?
Čovek Stvarstvo da leči?

Pusti drveće, pusti livade, oblake i cveće,
ne truj, ne smetaj, ne leči, već pozorno i pažljivo slušaj i gledaj.
Ti u Sklad stani i ugledaj čaroliju.
Stvarstvo i ljudsko biće priroda je iste vrste: drvo, ptica, cvet,
kamen, ljudsko biće, sve to priroda je.

Kako čovek misli da može da leči stvarstvo
kad stvarstvo lek je, a priroda celina.
Samo JE, postoji, živi.
Ne vani, ne unutra, ne gore, ne dole. Postoji.
I čovek misli to da leči, kako?
Priroda, prirodno stanje svake forme postoji do najvišeg
savršenstva; misterija i čarolija koju Mali Um LJudski nikada
odgonetnuti neće.

Prirodno stanje, najjače, najzdravije i najveselije je stanje;
što više ga ometamo, više će da boluje i da pati.

Šta to može čovek da posluži jednoj ptici, jednom drvetu,
kamenu, okeanu i cvetu?
Zar stvarno? Kako, kada prirodno stanje potpuno postojeće
savršenstvo je jedinstvene forme.
Šta to čovek misli kada svojim neskladom prirodu dira, celinu
stvarstva?

Zato, Sklad ponajpre.
Sklad prirodno je stanje,
prirodno stanje Sklad je.

S lakoćom

Čim osetiš da negde steže ili da grči te, da naporno ili preozbiljno
je, stani. Stani toliko dugo dok ne rastaviš celu sliku u glavi koju
složio si sebi o sebi, o nekome, o situaciji, o životu.

Stani dok ne izbrišeš celu priču koju ispričao si sebi o sebi, koja
uopšte nije ni tvoja niti si to ti, već koju u stvari ispričao je Mali
Um LJudski o tebi i o životu.

Stani i pusti sve, sve te lažne priče jer to te grči, smeta i tereti.
Tu izvor nezadovoljstva, patnje i bola je,
u tvojoj priči i verovanju, a ne u postojanju.

Tako, sada slobodan si, jasan, lagan i čist.

Sada ponovo kreni, svež, lagan, oslobođen i živahan,
koraka lepršavo jakog, slike jasne i pogleda čistog.
To pravi život je, istinit.

Kako znaš kad varka je?
Pa kad teško ti je,
jer nije život težak,
tvoja priča tvrda, oštra i teška je.

Pusti, popusti, opusti i stani,
da kretanje lakše bi ti bilo.
Kreći se, doživljavaj, živi i stvaraj,
da postojanje lepše bi ti bilo.

Pusti priče Malog Uma LJudskog i svoje i tuđe;
to samo priče su, nisu istina, nevažna su drama i opasna droga.

Ne zabavljaj se pričom, ogovaranjem i objašnjavanjem,
već životom i življenjem, novim iscrtavanjem.

Otvori ruke, raširi ruke, spusti teret,
oslobodi se, raširi krila.

Ne boj se praznine ili tišine i to iluzija je jer sve tu je.
Sve, baš sve, baš u toj praznini i tišini sve postoji.

Zato stani, spusti ono što ne prija ti i iz tog „sve postoji"
i iz te „praznine", biraj ono što sada najviše ti prija.
Lagano prepoznaj da li lakoća je ili težina.
Probaj nešto drugačije, budi i doživljavaj nešto novo
i tako iznova, uvek iznova.
To život je, to življenje je.

Znaj i pamti,
sve si i ništa si,
u svakom trenu trenutka,
pun si i praznina je.

Tu sve je, sve pusti,
jer tu sve je, al' sve to pusti,
jer to jedina prava sloboda je življenja.

Nova postavka pomaganja:
Zajedno smo jači

Ljudi moji dragi, dragi moji ljudi, važno pričati je i o jednom nezdravom i „zastarelom" načinu delovanja i postojanja, postojanja iz postavke Malog Uma LJudskog, male nestabilne postavke na kojoj život više ne može da stoji, načinu verovanja i delovanja na kojem još uvek mnogo ljudi bolno preživljava, a ta postavka „pomoć i pomaganje" je.

Saslušajmo, sagledajmo i ispatimo verovanje i delovanje naše.
Saslušajmo, sagledajmo i ispratimo da li istina je i čemu služi.
To nova postavka je.

Kada neko želi nekome da pomogne, kao i za sve ostalo, samo dva načina postojanja su: Sklad ili nesklad.

Sklad celina je, jedinstvo duše, tela, uma i cele kreacije kao jednog bića.
Nesklad rascepljenost je, odvojenost, delić celine, Mali Um LJudski samo.

Primer:
Sklad - temelj kuće, domovanje, temelj koji sastoji se od jasne slike, plana, najbitnijih materijala: cementa, vode, kamenja i železa.
Nesklad – temelj koji bio bi bez najvažnije komponente, bez cementa.
I tako kada prva kiša dođe, ne samo kuća i stanovnici kuće već i okolina nastradaće.

Isto tako kada neko želi nekome da pomogne, iz Malog Uma LJudskog perspektive i postavke, iz jada, sažaljevanja, iz straha, možda očekuje nešto zauzvrat i takvom namerom kreće da pomogne, on postavlja destruktivan temelj.

Šta očekuje ljudsko biće koji pomaže na ovakav način, irelevantno je, bilo da se radi o tome kako će se netko prema njemu ponašati, kako će ta situacija izgledati ili kako bi „pomagaču" bilo ugodnije, mirnije i bolje, sve apsolutno nevažno je - to pomoć nije.

Kada čovek pomaže iz vlastitog interesa, straha je to manipulacija, iživljavanje, varka, kontrola, briga, nelagodnost, a sve to povodom iskrivljene slike Malog Uma LJudskog.

Taj ko pomaže na takav način, ne pomaže nikome, već želi nešto za sebe, zato pomoć takva istinita nije, prava nije; ni dobrobit, ni doprinos nije, sve to građeno na labavom temelju je.

Kada čovek deluje iz vlastitog nezadovoljstva tada gleda oko sebe i uvek nešto ga smeta, želi da popravlja ili da pomogne, a neskladna je to postavka - nije istina pravog delovanja i življenja.

A opet taj ko traži pomoć iz postavke Malog Uma LJudskog, taj ko ne vidi svoj dar i čar, nijedno pomaganje neće mu pomoći.

Takav način, uzajamni način uzimanja i davanja, pomaganja, toliko labav, opasan i razarajući je, da prvom prilikom kada jedna osoba skrene pažnju na nešto drugo, ta postavka, to prijateljstvo ili poslovni odnos, ruši se.

Onima koje sada panika hvata i pitaju:
„A kako onda živeti ako ne pomažemo se?"

Sve vas koje panika sada hvata, gradili ste svoje živote na labavim postavkama.
Šta prava pomoć je?
Iz Sklada saradnja je nadgradnja. Zajedno smo jači.

Kada jednog bića posluživanje, davanje i primanje doprinos je svima, tada i samo tada zajedno smo jači.

Zajedno smo jači kada sarađujemo svako iz svog Sklada, kada svako izvor je i doprinosi iz svoje jedinstvenosti.

Pitate se, a zašto onda takvome ko ima, takvome ko stvara, takvome ko ispunjen i ostvaren je, treba pomoć?
Pa zato jer nije „pomoć" već zajedništvo je.
Svako jedinstveni dar i čar poseduje, zato nije pomaganje.
Saradnja je, nadgradnja je, stvaranje je, lepota i dobrota druženja je, Sklad stvarstva doživljavanje je.

Niko, ali apsolutno niko, ne može da probudi, oživi, izvuče, povuče, pogura jedno biće u Sklad i stvaranje, kada to biće na postavci Malog Uma LJudskog je.

Takvo stvaranje lažno je, veštačko, labavo jer samo je materija, prazna forma bez života, bez struje.
Takva forma raspada se svaki puta i uvek i zauvek.
Vidite i sami da Malog Uma LJudskog stanje konstantno urušava se i tako nestabilnost i strah pojačava.

Samo kada biće Sklada živi i stvara,
samo tada svako stvarstvo,
svaki dah, svaki korak,
svaka forma udahnuta životom je
i strujom napunjena.

Tada temelj, dom, domovanje,
postojanje i življenje,
zdravo je, jako je
i životom ispunjeno.

Da li je statika ili dinamika

Kada oslobođen i lagan nisi, kada ne pustiš i ne prepustiš tok života da živi kroz tvoju formu ljudsku, da slobodno teče, stvara, da biće razvija se i raste bez Malog Uma LJudskog granica, rigidnog verovanja, okova, stiskanja ili grčenja, ti ne živiš.

A kada oslobođen si i stvaraš, sve što ikada poželeo si, svaka ideja koja zasvetlila u biću je tvom, sve to doživeti i živeti ćeš, pa čak i mnogo više od toga što mogao si i da zamisliš.

Kada protočan i u pokretu si, tada jedno sa životom si. Kretnja života ti jesi, a sve što kreće se, živo i dinamično je; raste, razvija se i stvara dalje.

A kada u postavci si „nisam još", „nemam", „ne znam" i „ne mogu", u postavci „ali ja želim", barikade Malog Uma LJudskog drže te naočigled statičnim, ali stanje tvoje statično nije, već krećeš se u mestu i tako ponavljaš samo pa povodom toga i isto doživljavaš.

Tada samo izgleda kao da statično je, isto,
tvoj život i ti, tvoj život i svet oko tebe kao da ne menja se,
ali to istina življenja nije, ni prirodno stanje stvarstva.

Kada ljudi osećaju neprijatno se, kada nezadovoljni su i kao žele promenu, većina traži rešenje na neprirodan i apsurdan način koji kaže: „Ja ću da stojim u svom poznatom iako neprijatnom, čekajući i očekujući promena na bolje da sprovede se negde drugde."
Tražiti, zahtevati ili očekivati promenu izvan sebe, čekajući promena da se desi kod nekog drugog ili negde drugde, da život tebi lepši, lakši, zdraviji, ljubavniji, bogatiji, mirniji i bolji bi bio? Kako?

U statičnom-mehaničkom načinu življenja vidljivo i življeno samo uobičajeno ponavljanje je, dar i milost jedinstvenosti jednog bića ni vidljivi, ni življeni nisu, blagoslovi netaknuti su, a blaženstvo zanemareno je.

Tako mnogi pate dok „misle" i „veruju" da zapušteni od nekog su, napušteni od roditelja ili voljene osobe, a to potpuna istina nije, već povodom prepisanog zapisa Malog Uma Ljudskog zapustili i napustili oni dušu su svoju, jedinstvenost svoju, biće svoje, prvi, jedini i večni dom svoj.
Napomena: Istina je, da, svi mi doživimo napuštenost na neki način u ljudskom življenju, a šta ja ovde kažem je, da način postoji kako ispuniti „unutarnju" prazninu „iznutra".

Ljudi tako misleći da depresivni su, da svet oko njih samo sivilo je, rasipaju strah i nezadovoljstvo, čekajući i nadajući se da neko će da vidi i čuje jedinstvenost njihovu, da ih prigrli, uzdigne i slavi, ne videvši da u potpunosti naopačke ta misija je.

Slavi biće, dušu svoju i telo svoje,
a tada svako biće svetlosti s tobom će da se druži
i celo stvarstvo slavljenju pridruži.
Sebe stvarstvu posluži
tako lako kao što i najmanji cvet služi,
miris svoj veselo daje
i za lepotu mirisa svog nikad se ne kaje.

Zasvetli i zatreperi,
osvetli biće svoje ljudsko da vidljiv bi bio,
da bi zadovoljstvom zadovoljstvo sijao
i da bi u božanstvenom stanju bivao.

Zdravlje

Da li svestan tela si svog?
Da li svestan si gde zapaljeno je, upaljeno,
hladno, prazno i ozeblo,
napeto ili bolno,
gde gori i šta gori, šta priča i gde vrišti?
Da li prepoznaješ hlad, mrtvilo i maglu?

Da li svestan tela si svoga,
disanja svoga, svog daha?
Kako dišeš?
Da li dišeš svesno, duboko, široko?
Da li čistiš telo svoje dahom?
Da li jačaš telo svoje dahom?
Da li opuštaš telo svoje dahom?

Da li mariš
ili samo ponekad malo pažnje baciš?
Koliko važno ti je stanje bića tvog?
Da li samo kada baš boli i kada baš moraš
ili svestan si i prisutan u domu duše svoje?

Telo priča.
Da li slušaš i da li važno ti je?
Da li slušaš kada priča ili tek kada vrišti?

Može život doživljavati se i bez patnje.
Stani, pažljiv budi, osluhni, sagledaj,
udahni - izdahni, opusti - popusti.
Telo svoje saslušaj.

Tvoje telo vodič tvoj je, pokazuje i priča tebi: koliko da spavaš, kada, koliko i šta da jedeš. Koliko sunca, vode, vazduha, aktivnosti ili odmora potrebno tvom telu je, samo tvoje telo zna.

Savet lekara, iscelitelja, terapeuta, prijatelja uvek dobar je, poruka i priča čoveka koji živi zdravlje, sve to doprinos je, ali opet na kraju tvoje telo zna koliko, kada i kako, čega da i čega ne.

Ne brini se šta drugi za tvojim stolom jedu,
ne brini se čak ni šta kažu i misle,
svoje telo slušaj.
Ne gledaj na vagu, u tabletu ili u doktora,
već u biće svoje,
u tanjir ispred sebe i u piće svoje.
Ne sudi ni hranu, a ni piće,
tvoje telo zna šta najbolje za tvoje je biće,
jer nije samo do hrane i do pića,
već je do Sklada tvog jedinstvenog bića,
i nije ni do odmaranja, gibanja i spavanja,
već do verovanja, delovanja, življenja i stvaranja.

Kakvo to merilo za tvoje jedinstveno biće može neko drugi da postavi?
Po čemu može Mali Um LJudski da izmeri zdravlje, lepotu, zadovoljstvo ili bogatstvo bilo koje vrste?

Telo visoka i velika inteligencija je,
stručnjak, genij, prvi, zadnji, jedini i najbolji doktor.

Ko to može bolje da zna šta tvom telu prija i kada?

Ne dozvoli da te Mali Um LJudski vara, a strah tera, ne dozvoli sebi postati potrčkalo kada nešto tereti te ili boli, zastani i u mir sedi, priču svog bića prvo čuj.

Da, konstatacija i druženje s osobom koja formulu zdravlja pozna i zna, doprinos je samo zato jer svojim stanjem življenja i delovanja pokazuje da formula koju prosleđuje ima svrhu i doprinos zdravlju je, jer sve to samo su neke i nečije ideje, mogućnosti, verzije, načini, ali taj gutljaj vode, jastuk pod glavom, sat, dva, pet odmora, dan, dva, pet odmora, sat, dan, nedelja, mesec, godina aktivnosti, taj gutljaj vode, taj zalogaj hrane za tvoje telo, do tebe je.

Prijatnost, zadovoljstvo, mir, zdravlje u tvojim rukama je.
Ti večno prisutan negovatelj si.
Ti najbolji prijatelj si.

Tvoje biće tvoje je, ti neguj ga, prigrli i sa Stvarstvom ujedini.

Struja struji

Šta emocija je?
Emocija iščitana je i jedinstveno prevedena živa struja talasa.

Struja struji, tok teče.
A ti, jedinstveno biće, jedinstveni si „senzor". Gledajući i slušajući senzaciju, senzor aktiviran energijom iščitava i prevodi neku senzaciju na sebi jedinstveni način.

Postavka uma čita, iščitava senzaciju i talas u pokretu, takozvanu vidljivu, nevidljivu, čujnu ili nečujnu struju i tako svako biće prevodi podražaj valova, istog valovanja na svoj jedinstveni način.

Vibracija, senzacija, koja nekome budi strah,
za nekog drugog uzbuđenje je.
Vibracija koja nekome nevažno valovanje je,
nekom drugom zanimljivost je.

Energija koju neko iščitava kao život i zadovoljstvo, nekom drugom biću takva senzacija možda totalno neprimetna je, a nekom trećem potpuno stravična.

Ne postoji „moja" energija, „tvoja" energija, energija je energija;
ne postoji „moja" struja, „tvoja" struja, struja je struja.

Nije tvoja, nije moja, nije ničija, struja JE.
Struja postoji, struja JE.
U svakoj formi i bez forme struja JE.

Strujiš. Strujim.
Titraš, titram.

Živ si, živ sam.
Ne moja energija, ne tvoja energija, već energija.

Poremećaj, takozvana patnja ili neprijatna emocija na nivou ljudskog življenja, pokazatelj je, da senzor iščitao je neku vibraciju i senzaciju Malim Umom LJudskim.
Iščitano i prevedeno valovanje iz nesklada vodi do bola i poremećaja.

Struja struji, struja struji, struja struji,
tok teče, struja struji.
Struja struji, struja struji,
struja postoji, struja JE.
Struja struji, svetlo svetli, tok teče.

Tako dragi moji, drage moje, sve postoji.
Struja struji, struja struji, struja struji.

Struja struji stanje je celine, stvarstva i božanstva.
Struja struji stanje je duha, duše, života, univerzuma i svetlosti.

Pratite Malog Uma LJudskog postavku i Sklad postavku i sagledajte pažljivo kako koja postavka čita, iščitava, gleda, sluša, čuje, prevodi, prepisuje i zapisuje.

Postavka „moje" - „tvoje" stanje Malog Uma LJudskog je,
a ta formula i postavka, uvek stvaraće bolna iskustva.

Kada postavka Sklad je, svesnost prisutna,
tada struja struji i potočić žubori,
tada čovek doživljava i živi ljubav, lepotu, dobrotu,
mir, zdravlje, bogatstvo,
lakoću, zahvalnost i zadovoljstvo.

Prati senzacije bića svog,
one baš tebe u željeno tvoje vode

Želiš novac? Oslobodi se. Ujedini se.
Želiš ljubav? Oslobodi se. Ujedini se.
Želiš uspeh, zdravlje, mir, bolji život?
Oslobodi se. Ujedini se.

Kada oduzimamo, puštamo i popuštamo,
zapise Malog Uma Ljudskog,
tada oslobađamo se
i tek tada u stanju smo prigrliti i ujediniti se sa željenim.
Oduzimamo da bi mogli dodavati.

Oduzimamo, puštamo i otpuštamo stara verovanja,
načine bivanja, delovanja i življenja,
oduzimamo sve što doprinos boljem životu nije.
Samo oduzimajte i što više oduzimajte,
s lakoćom puštajte i praštajte,
da oslobodite ruke svoje za nove života darove.

Težina tela, težina tvorevine Malog Uma LJudskog, težina stvari,
težina življenja, sve šta težina je i previše, teret je. Sve to teret je i
višak, koji ne samo da tereti vaš život, već i živote ljudi oko vas.

I lakoća ili težina takozvane nevidljive supstance ćutna je oko
ljudi i u prostoru, kako vi to nazivate,
„pozitivna" lagana energija,
„negativna" teška energija.
Energija je energija.

Sve to samo reči su koje opisuju, samo opisuju neka stanja koja prepoznajemo da bi znali kako dalje.

Senzacije i putokazi to su, uvek prisutni.

Što laganiji i slobodniji ste, lakše ćete ih prepoznati, a lagano prepoznavanje služiće vam da jasno vidite društvo i prostor, jer zašto onda ovde smo u ovom životu, u ovom telu, u ovom vremenu, u ovom prostoru, ako ne da slobodno bi i živeli i život ljudski u potpunosti doživljavali.

Prisutnost daha

Oslobodi straha se, baš sada,
takav kakav si i tu gde si,
u tom stanju i u tom postojanju.
Oslobodi se.

Baš zbog toga to stanje, ta situacija i ta kreacija tu je,
da ti oslobodio bi se,
da ti oslobodila bi se,
okova ropstva Malog Uma LJudskog.
Tačno tako, tačno to ti stvorio si,
da iskusio stanje slobode i lepote bi.

A ti?
Želiš bolje uslove,
nešto i nekako drugačije?
Čekaš na nekog, na nešto?
Očekuješ?
Očekuješ da blaženstvo skočiti u krilo će ti
baš onako kako ti misliš da pravilno bi bilo.
Ha, baš simpatično.

Želiš neke „po tvom" idealne uslove,
neke druge ljude, drugačije situacije i kreacije,
od nekoga tamo prostrt tepih crveni,
sve onako kako baš ti želiš,
jer tada i samo tada ti dobro osećaćeš se.

A sve tu je.
Sve i svako za tebe tu je,
tačno na način koji ti sam sebi si tako veličanstveno popločio
da željeno bi doživeo i u božansko prste umočio.

Sve tu za tebe je,
da oslobodio bi se, da oslobodila bi se,
jer baš zato što strah te je,
baš zato što čekaš i očekuješ,
baš zato što nije kako ti želeo bi, želela bi,
baš zato oslobodićeš se i novo stvoriti.

Svaki dah, svaki korak, svaki pokret, svaki pogled,
svaki osmeh i svaka suza, već jesu ta sloboda i lakoća.

Idemo dalje

Kada radiš nešto lepo, ne objašnjavaj zašto to radiš.
Ne objašnjavaj, izgubiće čar.
Kada prezentuješ nešto lepo,
samo budi sav svoj, svestan i prisutan.
Ne objašnjavaj, tako gubi čar.

Čak i kada doživiš nešto ne tako lepo,
svedočio si ili ti uradio si nešto neprijatno ili bolno,
ne objasni,
urađeno je,
uradio si,
gotovo je,
prošlo je.

Sagledaj i pođi dalje,
odmah u idućem dahu i koraku
uradi nešto lepo.
Pošalji u istom trenutku novi talas
na put oko sveta i planeta,
talas mira i lepote,
talas ljubavi i dobrote.

Podaj ruku prijateljstva, nasmeši se,
jer šta osmeh je nego ljubav.
Svakim osmehom srce šalje talas ljubavi,
a pogled prisutan i svestan,
daruje čar i dar jedne duše drugoj.

Ajde sada idi, živi, osmeh podaj,
pogled miline podari i nežno dušu stvarstva dodirni.

Tako lako, zajedno smo jači.

Pa hajde sada zajedno da osvetlimo ovaj svet,
ovaj naš vanjski svet na novi način.
Osvetlimo ga unutarnjom svetlošću,
koračajući Putem Svetlosti Duše.

Čemu daješ pažnju to napajaš

Da, naravno da jako je, jako važno gde usmeriš svoju struju,
svoju energiju, svoj pogled, svoj korak, naravno da jako je, jako
važno. To što gledaš - to živiš.

Dobio struju si. U šta sproveo struju si i šta napojio si?
Dobio svetlost i moć si.
Gde usmerio svetlost si i šta osvetlio si?
Gde potrošio tu struju si, tu energiju,
taj život, taj dah, taj korak, tu reč?
Kome i u šta dao si svu tu najdivniju hranu,
kakvu svrhu služi i da li doprinos je?
Da li svesno dao si ili rasipao si?
To važno je.

Važno isto tako je, jako važno, od gde, od koga i od čega primio
energiju si, reč, pogled, pažnju, hranu, piće.
Naravno da jako je, jako važno.

Kakav put hodaš? Čiji put hodaš?
Šta na tom putu je, da li svestan si?
Da li gledaš pažljivo, da li slušaš pažljivo?
Da li svestan si na čijem i na kakvom putu si?
Šta na tom putu je? Šta nalaziš i pronalaziš?
Šta srećeš? Kakve ljude? Kakve situacije?
Kakvo društvo i kakvo življenje?

Samo to prati, samo to, jako je, jako važno,
jer to što potrošio si, potrošio si,
to što odhodao si, odhodao si,
to što ispričao si, ispričao si,
to što doživeo si, doživeo si i živeo.

Nema povratka, nema opet, nema ponovo.
Samo je ovaj trenutak, samo je ovaj dah,
samo je ovaj dan, samo je ovaj korak.

Da li svestan si kuda hodaš, s kim hodaš?
Šta pričaš, kome, koga slušaš?
Šta radiš i zašto, da li svestan si?

Kada jako i glasno oko tebe je, mnogo ljudi, glasova glasnih, mišljenja, verovanja i delovanja jakih, jake struje, da TI izgubio se ne bi, potopio ili gušio, tada pojačaj ti dah svoj, korak svoj, pojačaj struju svoju - jedino tako uvek ostaćeš svoj na svom putu.

Jasna slika

Uvek slaže se slika i ukazuje putanja, uvek.
Da li to ideja i volja za neko novo stvaranje je ili to želja za nečim je, uvek, u svakom trenutku slaže se slika na tvom unutrašnjem platnu.

U vremenu i prostoru ljudskog bivanja, vreme, prostor, ljudi i situacije, deo su već te željene slike.

Što čovek svesniji je, što jasnija mu je slika, što discipliniranije prati svoju putanju i u potpunosti posvećen je viziji, time manji razmak je, kraće takozvano „vreme" i „prostor" do njemu željene destinacije.

Što znači, kada spremni ste da živite neku ideju, želju, stvarstvo, potrebno je da disciplinovano gledate svoju jasnu sliku, delujete i živite po njoj, da radite svoj posao i živite svoj život, da vas drugih ljudi verovanja, mišljenja, radnje i načini življenja ne zanimaju.

Bez svesnog boljitka i doprinosa, ne gledaj i ne diraj drugo biće.
To tvoja stranputica je.
Ne poslujte drugih ljudi posla, ne ometajte njihova jedinstvena stvaranja, ne ulazite u ničije živote.

„Taj neko" i „to nešto tamo" nije vaše, nije vaš život, nije vaše stvaranje. Ne sudite, ne ogovarajte, ne pametujte, ne pretite, ne zahtevajte, ne očekujte već svako ljudsko biće ispoštujte i uvek sa zahvalnošću njegovo jedinstveno postojanje prigrlite.

Pitate se onda, a kako?

Da li to znači da čovek izolovan je od svih i svega i od života oko njega? Ne, naravno da ne.

Na vašem putu vaše društvo je, na vašem putu vaša ljubav je, ispunjenje, ostvarenje, vaša sreća, vaše stvaranje, vaše sve.
Ne skrećite s putanje svoje da našli bi društvo „pravo“.

Ne trudite se, ne čekajte, ne gurajte, ne sudite, ne zovite, ne kudite, ne žalite, ne jadajte i ne napadajte.
To što vaše po duši - stvarstva planu - Sklada stanju je, to što deo slike vašeg života je, to tu je i to lagano je i to prijatno je.

Vaše željeno tu nije samo kada vi tu niste.

Budite tu za sve ljude na zdrav način, živite sa žarom i dobrote doprinosa svrhom.
Pitajte: „Kako mogu da doprinesem i osvetlim življenje ovom biću ispred mene sada?“

Verovanje kao stvaranje

Verovanje stvara osećanje,
verovanje stvara osećaje.

Osećanje stvara stanje bića,
osećaj stvara stanje bića.

Neko verovanje stvara osećaj straha,
strah stvara nervozu,
nervoza stvara bolest, svađu, bol i rat.

Neko verovanje stvara osećaj ljubavi,
lepote, dobrote, mira
i tako stvara bolji i lepši život.

Sagledaj pažljivo svoja verovanja.
Kuda vode?
U boleti ili u voleti?

Jad u jad vodi.
Užitak u užitak vodi.
Bol stvara bol.
Zadovoljstvo stvara zadovoljstvo.

Prigrlite sav život, i sebe i druge

I život i čovek, sve jednostavno je, sve to tako jednostavno je, jer sve prirodno stanje stvarstva je, to znanje neka vodi vas.

Kada zalutate, pomislite ili poverujete
da nešto teško, nerazumljivo, komplikovano, neshvatljivo je,
kada pomislite da ne znate, da niste, da nema, da nije,
kada pomislite da nešto nije dobro s vama,
s vašim emocijama, s vašim mislima,

pamtite, znajte jedno,
život prirodno stanje univerzuma, božanstva i stvarstva je.

Opustite, popustite, pustite teške i bolne misli i prepustite duši da osvetli vam putanju Sklada.

Život sam JE, a sve što nije, greška je u poremećenoj slici Malog Uma LJudskog; grešno i površno gledanje je iz Malog Uma LJudskog samo.

Otvorite ruke, prigrlite, zagrlite, zavolite sve.
Zahvalite se
i kada plačete od sreće
i kada plačete od bola.
Zastanite, udahnite i prigrlite život,
jer život je sve.
I sve je život.

Šta umetnik stvara?

Svako ljudsko biće umetnik je,
umetnik života svoga.
Svaki čovek pokretom svakim
život svoj crta,
svakim pogledom unosi i prenosi život,
svakom rečju daje život,
svakim korakom stvara
i umetnost svoju živi.

Zato, dragi moji, slušajte reč svoju,
pratite pogled svoj i pokret svaki,
korak, dah svoj,
da videli, čuli i znali bi,
šta umetnik stvara.

Talas stvaranja, talas odmaranja

Kako ljudsko biće kroz život ide,
telo raste, um širi se, duša sjaji.
Različite faze ljudskog bića postoje.

Jače faze su kada struja jaka je, ljudsko biće širi se i raste, čuje i vidi ideje i aktivno stvara.
U toj fazi važno je da prati se pažljivo i pozorno: disanje, spavanje, hodanje, temperatura u telu, bolovi, osećaj tereta, težine, napon i naboj; tada važno je u takvoj fazi da se ta takozvana jaka struja, vrućina, velika energija, dobro, pametno i što više svesno upotrebi.

Ako se takva faza ne prepozna, jaka struja može da šteti telu, jer napon velik je, a telo, samo telo, nema potrebe za takvom jačinom; ta jaka struja nije dana samo telu, već rastu bića i stvaranju.

Pod takvim naponom i naporom, upale, bolovi, težina, umor, čak i „mentalni poremećaji" i „emocionalni problemi" nastaju jer struja svesno se ne toči.

Faza jake struje dođe i ode kao talas.
Faza mirovanja dođe i ode kao talas.

Kada ljudsko biće živi svesno i jasno, tada prepozna
Fazu - Val stvaranja i Fazu - Val odmaranja.

Isto kao faza stvaranja, važna je i faza odmaranja.

Talas tada smiri se, povuče, da bi čovekov um, telo i duša, dotaklo potpuno i duboko opuštanje.

Spavanje, kada biće svesno nije, nije opuštanje, ni odmaranje.

U opuštanju vidi se i pojasni sve; šta stvoreno je, kako dalje, sa čim i šta dalje, šta pusti se, koji deo slike nije u Skladu sa slikom stvaranja lepšeg i boljeg života.

Takve faze, ta valovanja sva bića doživljavaju svakodnevno, svako noćno, svako mesečno, svako godišnje.

Češće faze blaže su, zato nisu čujne, ćutne i viđene mnogima, manji su i blaži talasi.
Veće i jače faze za neke ljude česte su, a za neke možda jednom životne.
Svakom pojedincu njegovo.
Individualni to doživljaj je, zato svako može samo da prati sebe, svoj ritam i svoje talase.

Talas stvaranja
Talas odmaranja
Talas stvaranja
Talas odmaranja

Te faze, kao što svi znamo, isto tako važne su za decu, za životinje, za prirodu i naravno za celo stvarstvo.

Da, struja jaka je, ne može svako biće lako da podnese i sprovede je, ni psihički ni fizički.

Svesnost, pažnja, jasna slika, opuštenost, staloženost, stabilnost, disciplina, koncentracija; sve to potrebno je da upravljalo bi se jakom strujom.

Današnje generacije veštački pojačavaju struju svog bića, a nemaju jasnu sliku niti znaju kako upravljati tom jakom strujom. Iz tog razloga sve veštačke stvari mogu biti vrlo štetne biću koje u Skladu nije.

Ljudima kojima struja slaba je, kojima protočnost u kapljicama je, dolaze i njima talasi stvaranja i talasi odmaranja, a mnogo puta nisu svesni.

Talasi svim bićima dolaze prirodno i proporcionalno.

Kada ljudsko biće u Skladu nije i iz postavke Malog Uma LJudskog stišava prirodu, sputava, zadržava i suzdržava struju, tada ti talasi stvaranja doživljavaju se kao neka teška vremena, napor i teret.

Prirodni tok života struje deluje kao smetnja za um koji suzdržan, uzdržan, zabarikadiran i zgrčen je.
Takva ljudska bića pod jačinom sopstvenog suzdržavanja mnogo pate, kako u telu, tako i u celokupnom življenju, i tako njihovi talasi stvaranja, odmaranja, jače struje, svakodnevnog zadovoljstva, blagog mira, dubokog opuštanja, nikada nemaju mesta u njihovom životu; Mali Um LJudski pod silom vlastitog ograničenja ne dopušta prirodno disanje ni duši ni stvarstvu.

Jedno smo večno valovanje

Stanje bića i valovanje - način delovanja, važan za sve životne trenutke je, a ponajviše kada prisustvo nemirnog ili nezadovoljnog ljudskog bića ili nepoželjne situacije, podstakne i probudi neprijatne osećaje, a tada i neprijatne re-akcije u nama.

Na stari, svima nama dobro poznat nezdrav način delovanja, u želji da promenimo to nešto nama neprijatno, nesvesno uskačemo u nečiji val i valovanje, a takav način nesvesnog delovanja je kao da smo uskočili u nemirno more, u jaku struju, u muljavu vodu sa željom da smirimo te valove ili očistimo taj mulj.

Našim uskakanjem i naglom nesvesnom reakcijom, samo smo dodali mulj i nemiran val u već muljavo, nemirno, uzburkano stanje. S nemirom ušli smo u nemir, da taj nemir smirili bi.

Nadam se da ste se sada slatko nasmejali ovoj šaljivoj ljudskoj predstavi zvanoj život.

Možda uskočili i ušli smo s nezadovoljstvom, a možda sa žaljenjem Malog Uma LJudskog u želji da pomognemo, a opet, ušli blatni smo i dodali blato u blato.

Ulaskom u već nemirne vode Malog Uma LJudskog, naravno da doživećemo sve te turbulencije, nemir, smrad i prljavštinu.

Možda u toj želji da tamo negde nešto promenimo, šamarani na sve strane, napićemo se tog mulja, te prljave i otrovne vode, a od plivanja u takvim vodama umoriti, iscrpiti i razboleti, a na taj način čistoću i lepotu doprineli nismo, već i mi mulj postali smo.

Zato, u svakom trenutku, u svakom dahu i u svakom koraku, „ne skačite" već znajte, da svako pojedinačno ljudsko biće, isto kao i vi, svoj jedinstveni doživljaj i val je.

Pratite stanje bića svoga i svoje valovanje.
Doprinos budite sjaja, jasnosti, zdravlja, mira, nežnosti, zadovoljstva, dobrote, osmeha, bogatstva, blaženosti i lakoće.
Lepotu i blagoslov života slavite.
Ljubav darujte.

Novi temelj

Kada kažem ponajpre oduzimanje,
a onda dodavanje,
kada kažem stvaranje, kažem,
ponajpre oduzimanje, onda dodavanje.

„Oduzimanje" - obrasca, zapisa, blokade, barikade, Malog Uma
LJudskog verovanja, navike, postavke koja dovela vas je do ovde
gde više nema dalje, gde više nije ni zdravo, ni prijatno.

Da doživeo i živio nešto novo, bolje i drugačije bi, pustiti,
osloboditi, izbrisati staro i nepoželjno primarni je zadatak.
Oduzimanje starog zapisa prvenstveni zadatak je; oduzimanje
svih navika, verovanja, postojanja, delovanja, priča, ispričavanja,
objašnjavanja, žaljenja i jadanja, prvi korak je.

Kada spremni ste, voljni i željni živeti zdravim, bogatim i lepim
životom, prvo potrebno oduzimanje je svega bolnog i teškog.

Dodavanje novih ideja i navika stvoriti novi temelj će, za novi,
bolji i lepši život.

Kada Malog Uma LJudskog temelj „stari", stav i postavka
zastareo, ne podržava prirodni rast ljudskog bića više, isto je kao
kuće temelj stari kada ruši i urušava se jer u Skladu s novom
gradnjom nije.

Mišljenje i verovanje, navike i način delovanja kada ne
podržavaju promene i ne služe više, život postaje težak i življenje
urušava se.

Oduzimanje jedini način je, da prvenstveno očistili i napravili bi mesta, a tek tada gradili nove jake i zdrave temelje, na kojima s lakoćom i sa zadovoljstvom stvaramo, doživljavamo i živimo novo.

Za nešto drugo i drugačije,
ponajpre u vama drugačije,
vaša nova postavka novi temelj za novo življenje je.

Spoznaj život

Struja struji, uvek.
Sve struja je, sve što postoji, struji.
Sve, baš sve struji,
čak i ono što mislite da ne struji, struji,
jer sve struja je.
Sve što postoji struji, uvek.
Ne od početka i ne od kraja,
jer početka i kraja nema.
Ne u prošlosti i ne u budućnosti
jer prošlosti i budućnosti nema.

U svakom elementu struja je,
u svakom elementu svetlost je,
u svakom elementu boja je.

Samo zato što vidljivo nije očima vašim,
ne znači da ne postoji.
Samo zato što vidljivo nije očima tvojim,
ne znači da nema i da nije.
Ima, uvek ima. Sve postoji i svega ima.
Sve što čovek može ili još ne može zamisliti.
Sve što već zamišljeno je i ono što nije, već postoji.
Sve što izmišljeno je i ono što nije, već postoji.
Sve što napravljeno je, sastavljeno, vidljivo,
sve to nekad bilo nevidljivo je, nemoguće,
nepostojeće Malom Umu LJudskom.

Tako sada tebi je, tako sada vama je.
Samo zato što sada ti ne vidiš, samo ti ne vidiš, ne znači ništa.

Pamti, kapljica jednog beskonačnog okeana si,
talas si, okean si, tren trenutka si.
Živ život si.
Život života si.
Tako živi.
Sada živi.

Jedno svetlo

Jedno društvo, bezbroj glava,
jedno društvo, a dva plana,
jer u ovom postojanju ljudskom
potrebno je levo, desno, toplo, hladno,
neskladno i skladno,
za sve one koji put svoj ne stvaraju
i sami sebe uvek varaju,
za sve one koji nekog tamo prate,
a na svoj put svetlosti zaborave da svrate,
potrebno je levo, desno,
da shvate da oba plana,
dva plana njima su dana,
da im pamet pomute,
dok oni spavaju i ništa ne slute,
već samo slepo slede,
dok njihove duše gase se i blede.

Velike to sile su Malog LJudskog Uma,
životi propušteni, ponavljana tuga.

Svetlo, tama, svetlo, tama. A čemu?
Samo Malom Umu LJudskom bez plana,
može da vlada svetlo, tama, svetlo, tama;
samo ljudskom biću bez plana
može da vlada i svetlo i tama.

Plan, svesnost postojanja,
stvaranja, življenja, bivanja
svako ima svoj
ne bi trebalo tebi moj ili meni tvoj,
već svako svoj.

Ne tebi, ne meni, ne tvoj, ne moj
već svako svoj put kada sledi
tada božansko u čoveku ne izbledi.

Sve ostalo je rat i tuga,
patnja zbog sebe, zbog svog druga,
izgubljeno, bolno, ranjeno i tužno
na kraju krajeva grešno, jadno i ružno.

Lutanje bez cilja i bez plana.
Nerazumevanje.

Zašto, kada ista sila svima je dana?

Put duše jednog bića,
jedinstvenost, lepota,
bogatstvo, dobrota,
milina, tišina, dubina
vidna, providna,
ista u svim ljudima.

Jačina duha
nikada gluha.
Jačina duha
ima sluha
ima dara
ima čara.
I tada svetom, i ne samo svetom,
već celim stvarstvom božanstvo vlada.
To neka vam bude glavna svrha Sklada
da u svakome od vas,
svetlost duše uvek vlada.

Kako gledaš?

Tvoje doživljavanje je kako ti život gledaš,
kakvoj misli i osećaju ti se predaš.

Samo i samo tvoje je kako gledaš,
samo i samo tvoje je čemu se predaš.

Kojoj realnosti i kakvom iskustvu se predaš,
a čemu ne daš,
čemu ne daš da živi,
kome ne daš da se divi.
Zašto?
Kome to služi,
s kim tvoje biće se druži?

Da li stalno se sažaljevaš
ili lepotu iz života u život prelivaš?

Da li sa zadovoljstvom biraš boje i život bojiš
ili živiš tako da života i življenja se bojiš?

Tvoje je i samo tvoje kako gledaš.

Tvoja lepota

Stani i srce otvori,
s prirodom, s vetrom koju prozbori.
Uvek stani, uvek stani,
barem za trenutak jedan mali,
jer veliki život su u stvari
trenuci i detalji mali,
detalji koji čine stvarstva sliku,
tvog života putanju i obliku.

Pogledaj na šta to tvoja slika liči,
pogledaj na kakav život tvoje življenje priliči.

Da li spajaš ili razdvajaš?

Oblik stvarstva kada spoznaš,
tada i sebe tek prepoznaš.
Oblik lista osušenog u jesenjoj travi,
sve to nešto je što i tvoj život vodi i gradi.

Oblici i boje,
izraz duše su tvoje.
Miris, dodir, osećaj u biću duboko,
sve je to i sve je to, kako vidi samo tvoje oko.

Put

U tišini i s Bogom,
u dubokom miru i sam sa sobom,
sebe samog ćeš pronaći
i u životu lakše ćeš se snaći.

U dubokom miru sam sa sobom,
domuješ u kraljevstvu i sediš s Bogom,
tada put svoj jasno vidiš,
korak za korakom pravi tek tada činiš.

Reč božansku tada zboriš,
od nikog i ničeg više se ne umoriš,
zvukove čuješ, boje snivaš,
na valovima života lagano bivaš.

Zato popusti, opusti, zastani i stani,
na izazove Malog Uma LJudskog nikada ne plani,
jer život pravi, u tim dubokim visinama
u tim glasnim tišinama,
jasno se vidi i prvenstveno stvara,
jer ljubav, lepota, dobrota, zdravlje, mir i bogatstvo
od božjeg su dara,
Mali Um LJudski sam, nema tog čara.

Zato, prijatelji moji sjajni i dragi
Ujedinimo se i budimo blagi
Prigrlimo veličanstveno stanje svakog bića
Zadovoljstvo Bogu darujmo savršenstvom naših životnih priča.

Idemo dalje...

MOJI UVIDI